大方廣佛華嚴經 讀誦

34

🏵 일러두기

1. 『독송본 한문·한글역 대방광불화엄경』은 실차난타가 한역(695~699)한 80권『대방광불화엄경』의 한문 원문과 한글역을 함께 수록한 것이다. 한문에는 음사와 현토를 부기하였다.

2. 원문의 저본은 고종 2년(1865) 월정사에서 인경한 고려대장경『대방광불화엄경』에 한암 스님이 현토(1949년)한 것을 범룡 스님이 영인 출판(1990년)한『대방광불화엄경』이다.

3. 한문은 저본에서 누락되었거나 글자가 다르다고 판단된 부분은 저본인 고려대장경 각권의 말미에 교감되어 있는 내용을 중심으로 하고 봉은사판『대방광불화엄경수소연의초』와 신수대장경 각주에서 밝힌 교감본을 참조하여 보입하고 수정하였다.

4. 한글 번역은 동국역경원에서 발간한 한글『대방광불화엄경』(운허)을 중심으로 하고『신화엄경합론』(탄허)과『대방광불화엄경 강설』(여천무비) 그리고 최근의 여타 번역본 등을 참조하였다.

5. 저본의 원문에서 이체자의 경우 훈글이 제공하는 이체자는 그대로 살리고 훈글이 제공하지 않는 글자는 통용되는 정자로 바꾸었다. 예) 間 → 閒 / 焰 → 燄 / 宮 → 宫 / 偁 → 稱

6. 한글 번역은 독송과 사경을 위하여 정확성과 아울러 가독성을 고려하였다. 극존칭은 부처님과 불경계에 대해서만 사용하였다.

7. 독송본의 차례는 일러두기 → 본문 → 화엄경 목차 → 간행사의 순차이다.
   (법공양판에는 간행사 다음에 간행불사 동참자를 밝혀 두었다.)

8. 독송본의 한글역은 사경의 편의를 도모하기 위해 그 편집을 달리하여『사경본 한글역 대방광불화엄경』으로 함께 간행한다. 독송본과 사경본 모두 80권『대방광불화엄경』의 권별 목차 순으로 간행한다.

독송본 한문·한글역

대방광불화엄경 제34권
大方廣佛華嚴經 卷第三十四

26. 십지품 [1]
十地品 第二十六之一

실차난타 한역
수미해주 한글역

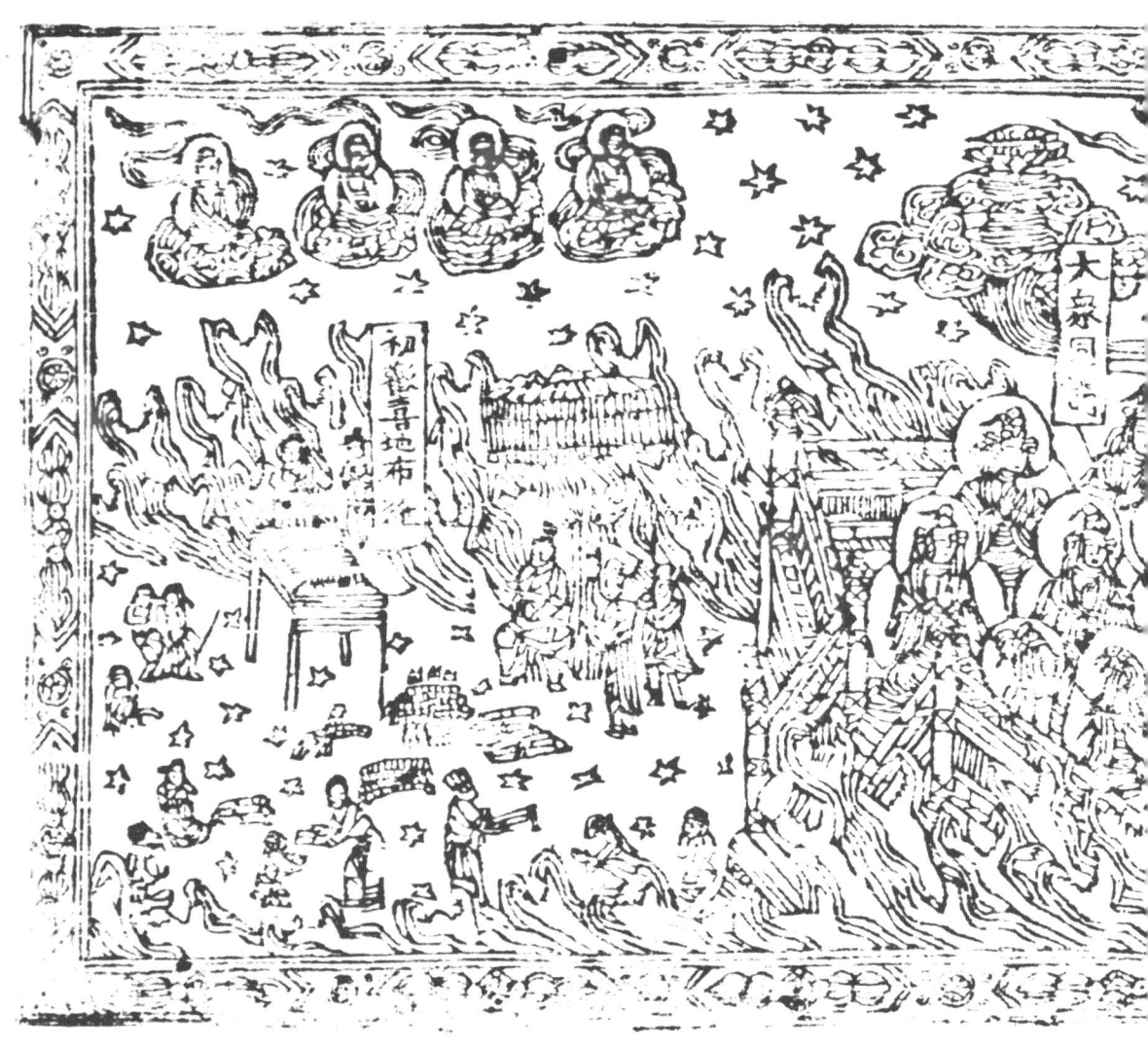

대방광불화엄경 제34권 변상도

대방광불화엄경
제34권

26. 십지품 [1]

대방광불화엄경 권제삼십사
大方廣佛華嚴經 卷第三十四

십지품 제이십육지일
十地品 第二十六之一

이시에 세존이 재타화자재천왕궁마니보장
爾時에 **世尊**이 **在他化自在天王宮摩尼寶藏**

전하사 여대보살중으로 구하시니라
殿하사 **與大菩薩衆**으로 **俱**하시니라

기제보살이 개어아뇩다라삼먁삼보리에 불
其諸菩薩이 **皆於阿耨多羅三藐三菩提**에 **不**

퇴전이라 실종타방세계래집하니라
退轉이라 **悉從他方世界來集**하니라

대방광불화엄경 제34권

26. 십지품 [1]

이때에 세존께서 타화자재천왕궁의 마니보장전에서 큰 보살 대중들과 함께 계시었다.

그 모든 보살들은 다 아뇩다라삼먁삼보리에서 물러나지 않는 이들로서 모두 다른 세계로부터 와서 모였다.

주일체보살지소주경　　　입일체여래지소입
住一切菩薩智所住境하며　入一切如來智所入

처　　　근행불식　　　선능시현종종신통　　제
處하야　勤行不息하며　善能示現種種神通의　諸

소작사　　　교화조복일체중생　　　이불실시
所作事하며　敎化調伏一切衆生호대　而不失時하니라

위성보살일체대원　　　어일체세일체겁일체
爲成菩薩一切大願하야　於一切世一切劫一切

찰　　근수제행　　　무잠해식　　　구족보살복
刹에　勤修諸行하야　無暫懈息하며　具足菩薩福

지조도　　　보익중생　　　이항불궤
智助道하야　普益衆生호대　而恒不匱하니라

도일체보살지혜방편구경피안　　　시입생사　　급
到一切菩薩智慧方便究竟彼岸하며　示入生死와　及

이열반　　　이불폐사수보살행　　　선입일체보
以涅槃호대　而不廢捨修菩薩行하며　善入一切菩

일체 보살의 지혜로 머무르는 바 경계에 머무르며, 일체 여래의 지혜로 들어가는 곳에 들어가서 부지런히 수행하여 쉬지 아니하며, 갖가지 신통으로 모든 하는 바 일을 잘 능히 나타내 보이며, 일체 중생을 교화하여 조복함에 때를 놓치지 아니한다.

보살의 일체 큰 원을 이루기 위하여 일체 세간의 일체 겁과 일체 세계에서 모든 행을 부지런히 닦아서 잠시도 나태하거나 쉬지 아니하며, 보살의 복과 지혜와 도를 돕는 일을 구족하여 널리 중생들을 이익케 하되 항상 다하지 아니한다.

일체 보살의 지혜 방편과 구경의 피안에 이르

薩_살禪_선定_정解_해脫_탈三_삼昧_매三_삼摩_마鉢_발底_저神_신通_통明_명智_지하며 諸_제所_소
施_시爲_위에 皆_개得_득自_자在_재하며 獲_획一_일切_체菩_보薩_살自_자在_재神_신力_력하나라

於_어一_일念_념頃_경에 無_무所_소動_동作_작호대 悉_실能_능往_왕詣_예一_일切_체如_여來_래道_도場_량衆_중會_회하야 爲_위衆_중上_상首_수하야 請_청佛_불說_설法_법하며

護_호持_지諸_제佛_불正_정法_법之_지輪_륜하며 以_이廣_광大_대心_심으로 供_공養_양承_승事_사一_일切_체諸_제佛_불하며 常_상勤_근修_수習_습一_일切_체菩_보薩_살所_소行_행事_사業_업하나라

其_기身_신이 普_보現_현一_일切_체世_세間_간하며 其_기音_음이 普_보及_급十_시方_방法_법

며, 생사와 열반에 들어감을 보이나 보살행 닦기를 그만두어 버리지 아니하며, 일체 보살의 선정과 해탈과 삼매와 삼마발저와 신통과 밝음과 지혜에 잘 들어가서, 모든 베풀어 하는 바가 모두 자재하고 일체 보살의 자재한 신력을 얻었다.

한 생각 동안에 움직이는 바 없이 모두 일체 여래 도량의 대중모임에 능히 나아가서 대중들의 상수가 되어 부처님께 설법을 청하며, 모든 부처님의 바른 법륜을 보호하여 유지하며, 광대한 마음으로 일체 모든 부처님께 공양올리고 받들어 섬기며, 일체 보살의 행하는 바 사업을 항상 부지런히 닦았다.

계   심지무애   보견삼세   일체보살
界하며 心智無礙하야 普見三世하며 一切菩薩의

소유공덕   실이수행   이득원만   어불
所有功德을 悉已修行하야 而得圓滿하야 於不

가설겁   설불능진
可說劫에 說不能盡하니라

기명왈금강장보살   보장보살   연화장보
其名曰金剛藏菩薩과 寶藏菩薩과 蓮華藏菩

살   덕장보살   연화덕장보살   일장보살
薩과 德藏菩薩과 蓮華德藏菩薩과 日藏菩薩과

소리야장보살   무구월장보살   어일체국
蘇利耶藏菩薩과 無垢月藏菩薩과 於一切國

토보현장엄장보살   비로자나지장보살
土普現莊嚴藏菩薩과 毗盧遮那智藏菩薩이니라

그 몸은 일체 세간에 널리 나타나며, 그 음성은 시방 법계에 널리 미치며, 마음과 지혜는 걸림이 없어 삼세를 널리 보며, 일체 보살의 있는 바 공덕을 다 이미 수행하여 원만하게 되어서, 말할 수 없는 겁 동안 말하여도 다할 수 없다.

그 이름은 금강장 보살과 보장 보살과 연화장 보살과 덕장 보살과 연화덕장 보살과 일장 보살과 소리야장 보살과 무구월장 보살과 어 일체국토보현장엄장 보살과 비로자나지장 보살이다.

묘덕장보살　　전단덕장보살　　화덕장보살
妙德藏菩薩과 **栴檀德藏菩薩**과 **華德藏菩薩**과

구소마덕장보살　　우발라덕장보살　　천덕
俱蘇摩德藏菩薩과 **優鉢羅德藏菩薩**과 **天德**

장보살　　복덕장보살　　무애청정지덕장보
藏菩薩과 **福德藏菩薩**과 **無礙清淨智德藏菩**

살　공덕장보살　　나라연덕장보살
薩과 **功德藏菩薩**과 **那羅延德藏菩薩**이니라

무구장보살　　이구장보살　　종종변재장엄
無垢藏菩薩과 **離垢藏菩薩**과 **種種辯才莊嚴**

장보살　대광명망장보살　　정위덕광명왕
藏菩薩과 **大光明網藏菩薩**과 **淨威德光明王**

장보살　금장엄대공덕광명왕장보살　　일
藏菩薩과 **金莊嚴大功德光明王藏菩薩**과 **一**

체상장엄정덕장보살　　금강염덕상장엄장
切相莊嚴淨德藏菩薩과 **金剛燄德相莊嚴藏**

묘덕장 보살과 전단덕장 보살과 화덕장 보살과 구소마덕장 보살과 우발라덕장 보살과 천덕장 보살과 복덕장 보살과 무애청정지덕장 보살과 공덕장 보살과 나라연덕장 보살이다.

무구장 보살과 이구장 보살과 종종변재장엄장 보살과 대광명망장 보살과 정위덕광명왕장 보살과 금장엄대공덕광명왕장 보살과 일체상장엄정덕장 보살과 금강염덕상장엄장 보살과 광명염장 보살과 성수왕광조장 보살이다.

허공무애지장 보살과 묘음무애장 보살과

보살   광명염장보살   성수왕광조장보살
菩薩과 光明燄藏菩薩과 星宿王光照藏菩薩이니라

허공무애지장보살   묘음무애장보살   다
虛空無礙智藏菩薩과 妙音無礙藏菩薩과 陀

라니공덕지일체중생원장보살   해장엄장
羅尼功德持一切衆生願藏菩薩과 海莊嚴藏

보살   수미덕장보살   정일체공덕장보살
菩薩과 須彌德藏菩薩과 淨一切功德藏菩薩과

여래장보살   불덕장보살   해탈월보살
如來藏菩薩과 佛德藏菩薩과 解脫月菩薩이니라

여시등무수무량무변무등불가수불가칭불
如是等無數無量無邊無等不可數不可稱不

가사불가량불가설제보살마하살중   금강
可思不可量不可說諸菩薩摩訶薩衆에 金剛

장보살   이위상수
藏菩薩이 而爲上首러시니라

다라니공덕지일체중생원장 보살과 해장엄장 보살과 수미덕장 보살과 정일체공덕장 보살과 여래장 보살과 불덕장 보살과 해탈월 보살이다.

이와 같은 등 수없고 한량없고 가없고 같음이 없고 셀 수 없고 일컬을 수 없고 생각할 수 없고 헤아릴 수 없고 말할 수 없는, 모든 보살마하살 대중 가운데 금강장 보살이 상수이다.

그때에 금강장 보살이 부처님의 위신력을 받

爾時로에 金剛藏菩薩이 承佛神力하사 入菩薩大

智慧光明三昧하시니라

入是三昧已에 即時에 十方各過十億佛刹微

塵數世界外하야 各有十億佛刹微塵數諸佛의

同名金剛藏이 而現其前하사 作如是言하시니라

善哉善哉라 金剛藏아 乃能入是菩薩大智慧

들어 보살대지혜광명삼매에 들었다.

 이 삼매에 들어가자 즉시에 시방으로 각각 십억 부처님 세계 미진수의 세계 밖을 지나서 각각 십억 부처님 세계 미진수의 모든 부처님이 계시니 한가지로 명호가 금강장으로서, 그 앞에 나타나 이와 같은 말씀을 하셨다.

"훌륭하고 훌륭하도다. 금강장이여, 이에 능히 이 보살대지혜광명삼매에 들었도다. 선남자여, 이것은 시방의 각각 십억 부처님 세계 미진수의 모든 부처님께서 그대에게 함께 가피

광명삼매　　선남자　　차시시방각십억불찰
光明三昧하니 **善男子**야 **此是十方各十億佛刹**

미진수제불　　공가어여　　이비로자나여래
微塵數諸佛이 **共加於汝**니 **以毗盧遮那如來**

응정등각본원력고　　위신력고　　역시여승
應正等覺本願力故며 **威神力故**며 **亦是汝勝**

지력고
智力故니라

욕령여　　위일체보살　　설부사의제불법광
欲令汝로 **爲一切菩薩**하야 **說不思議諸佛法光**

명고
明故니라

소위영입지지고　　섭일체선근고　　선간택
所謂令入智地故며 **攝一切善根故**며 **善揀擇**

하심이니, 비로자나 여래 응정등각의 본래의 원력인 까닭이며, 위신력인 까닭이며, 또한 그대의 수승한 지혜의 힘인 까닭이다.

그대로 하여금 일체 보살을 위하여 부사의한 모든 부처님 법의 광명을 설하게 하려는 까닭이다.

이른바 지혜의 지에 들게 하려는 까닭이며, 일체 선근을 포섭케 하려는 까닭이며, 일체 부처님 법을 잘 가려서 택하게 하려는 까닭이며, 모든 법을 널리 알게 하려는 까닭이며, 법을 잘 능히 설하게 하려는 까닭이다.

분별 없는 지혜가 청정케 하려는 까닭이며,

일체불법고　　광지제법고　　선능설법고
一切佛法故며 **廣知諸法故**며 **善能說法故**니라

무분별지청정고　　일체세법불염고　　출세
無分別智淸淨故며 **一切世法不染故**며 **出世**

선근청정고　　득부사의지경계고　　득일체
善根淸淨故며 **得不思議智境界故**며 **得一切**

지인지경계고
智人智境界故니라

우령득보살십지시종고　　여실설보살십지
又令得菩薩十地始終故며 **如實說菩薩十地**

차별상고　　연념일체불법고　　수습분별무
差別相故며 **緣念一切佛法故**며 **修習分別無**

루법고
漏法故니라

선선택관찰대지광명교장엄고　　선입결정
善選擇觀察大智光明巧莊嚴故며 **善入決定**

일체 세상의 법에 물들지 않게 하려는 까닭이며, 출세간의 선근이 청정케 하려는 까닭이며, 부사의한 지혜의 경계를 얻게 하려는 까닭이며, 일체지를 지닌 사람의 지혜 경계를 얻게 하려는 까닭이다.

또 보살 십지의 처음과 끝을 얻게 하려는 까닭이며, 보살 십지의 차별한 모양을 사실대로 설하게 하려는 까닭이며, 일체 불법을 반연하여 생각하게 하려는 까닭이며, 무루법을 닦아 익혀 분별하게 하려는 까닭이다.

큰 지혜의 광명으로 교묘하게 장엄함을 잘 선택하여 관찰하게 하려는 까닭이며, 결정한

지문고　　수소주처　　　차제현설무소외고
智門故며 隨所住處하야 次第顯說無所畏故며

득무애변재광명고
得無礙辯才光明故니라

주대변재지　　　선결정고　　억념보살　　심
住大辯才地하야 善決定故며 憶念菩薩하야 心

불망실고　　성숙일체중생계고　　능변지일
不忘失故며 成熟一切衆生界故며 能徧至一

체처　　결정개오고
切處하야 決定開悟故니라

선남자　여당변설차법문차별선교법
善男子야 汝當辯說此法門差別善巧法이니라

소위승불신력　　　여래지명소가고　　정자선
所謂承佛神力하야 如來智明所加故며 淨自善

지혜의 문에 잘 들어가게 하려는 까닭이며, 머무르는 곳을 따라 차례로 두려울 바가 없음을 나타내어 설하게 하려는 까닭이며, 걸림이 없는 변재의 광명을 얻게 하려는 까닭이다.

큰 변재의 지위에 머물러 잘 결정하게 하려는 까닭이며, 보살을 기억하여 마음에 잊지 않게 하려는 까닭이며, 일체 중생계를 성숙하게 하려는 까닭이며, 능히 모든 곳에 두루 이르러 결정코 깨우치게 하려는 까닭이다.

선남자여, 그대는 마땅히 이 법문의 차별하고 선교한 법을 말할 것이다.

근고 보정법계고 보섭중생고 심입법신
根故며 **普淨法界故**며 **普攝衆生故**며 **深入法身**

지신고
智身故니라

수일체불관정고   득일체세간최고대신고
受一切佛灌頂故며 **得一切世間最高大身故**며

초일체세간도고   청정출세선근고   만족
超一切世間道故며 **淸淨出世善根故**며 **滿足**

일체지지고
一切智智故니라

이시   시방제불   여금강장보살무능영
爾時에 **十方諸佛**이 **與金剛藏菩薩無能映**

탈신   여무애요설변   여선분별청정
奪身하며 **與無礙樂說辯**하며 **與善分別淸淨**

이른바 부처님의 위신력을 받들어서 여래 지혜의 밝음으로 가피하는 바인 까닭이며, 자기의 선근을 깨끗하게 하는 까닭이며, 널리 법계를 청정하게 하는 까닭이며, 널리 중생들을 거두는 까닭이며, 법신과 지혜의 몸에 깊이 들어가는 까닭이다.

 일체 부처님의 관정을 받는 까닭이며, 일체 세간에서 가장 높고 큰 몸을 얻는 까닭이며, 일체 세간의 길을 초월하는 까닭이며, 출세간의 선근을 청정하게 하는 까닭이며, 일체지의 지혜를 만족하는 까닭이다."

지 　　여선억념불망력　　　여선결정명료
智하며 與善憶念不忘力하며 與善決定明了

혜
慧하니라

여지일체처개오지　　여성도자재력　　여
與至一切處開悟智하며 與成道自在力하며 與

여래무소외　　여일체지인관찰분별제법문
如來無所畏하며 與一切智人觀察分別諸法門

변재지　　여일체여래상묘신어의구족장
辯才智하며 與一切如來上妙身語意具足莊

엄
嚴하시니라

하이고
何以故오

득차삼매　　법여시고　　본원소기고　　선정심
得此三昧에 法如是故며 本願所起故며 善淨深

그때에 시방의 모든 부처님께서 금강장 보살에게 빼앗을 수 없는 몸을 주시고, 걸림 없이 말하기 좋아하는 변재를 주시고, 잘 분별하는 청정한 지혜를 주시고, 잘 기억하여 잊지 않는 힘을 주시고, 잘 결정하여 밝게 아는 지혜를 주셨다.

일체 처에 이르러 깨닫는 지혜를 주시고, 도를 이루는 자재한 힘을 주시고, 여래의 두려울 바 없음을 주시고, 일체 지혜 있는 사람이 모든 법문을 관찰하고 분별하는 변재의 지혜를 주시고, 일체 여래의 가장 미묘한 몸과 말과 뜻이 구족한 장엄을 주셨다.

무슨 까닭인가?

심고   선정지륜고   선적집조도고
心故며 善淨智輪故며 善積集助道故니라

선수치소작고   염기무량법기고   지기청
善修治所作故며 念其無量法器故며 知其淸

정신해고   득무착류총지고   법계지인선
淨信解故며 得無錯謬總持故며 法界智印善

인고
印故니라

이시   시방제불   각신우수   마금강장보
爾時에 十方諸佛이 各申右手하사 摩金剛藏菩

살정
薩頂하니라

이 삼매를 얻으면 법이 이와 같은 까닭이며, 본래의 원으로 일으키는 바인 까닭이며, 깊은 마음을 잘 깨끗하게 하는 까닭이며, 지혜의 바퀴를 잘 깨끗하게 하는 까닭이며, 도를 돕는 법을 잘 쌓아 모으는 까닭이다.

지을 것을 잘 닦아 다스리는 까닭이며, 그 한량없는 법의 그릇을 생각하는 까닭이며, 그 청정한 믿음과 이해를 아는 까닭이며, 착오가 없는 총지를 얻는 까닭이며, 법계 지혜의 도장으로 잘 도장 찍는 까닭이다.

그때에 시방의 모든 부처님께서 각각 오른손

摩頂已_에 金剛藏菩薩_이 從三昧起_{하사} 普告一切菩薩衆言_{하시니라}

諸佛子_야 諸菩薩_이 願善決定_{하며} 無雜_{하며} 不可見_{하며} 廣大如法界_{하며} 究竟如虛空_{하야} 盡未來際_{하며} 徧一切佛刹_{하야} 救護一切衆生_{하며} 爲一切諸佛所護_{하야} 入過去未來現在諸佛智地_{니라}

佛子_야 何等_이 爲菩薩摩訶薩智地_오

을 펴서 금강장 보살의 정수리를 만지시었다.

정수리를 만지시자 금강장 보살이 삼매에서 일어나서 널리 일체 보살 대중에게 말씀하였다.

"모든 불자들이여, 모든 보살들이 원을 잘 결정하며, 잡되지 않으며, 볼 수 없으며, 광대함이 법계와 같으며, 구경에 허공과 같아서 미래제가 다하도록 일체 부처님 세계에 두루 하여 일체 중생을 구호하며, 일체 모든 부처님의 보호하시는 바가 되며, 과거 미래 현재 모든

불자 보살마하살지지 유십종 과거미
佛子야 菩薩摩訶薩智地가 有十種하니 過去未

래현재제불 이설당설금설 아역여시
來現在諸佛이 已說當說今說일새 我亦如是

설
說이니라

하등 위십
何等이 爲十고

일자 환희지 이자 이구지
一者는 歡喜地요 二者는 離垢地요

삼자 발광지 사자 염혜지
三者는 發光地요 四者는 燄慧地요

오자 난승지 육자 현전지
五者는 難勝地요 六者는 現前地요

칠자 원행지 팔자 부동지
七者는 遠行地요 八者는 不動地요

부처님의 지혜의 지위에 들어간다.

불자들이여, 어떤 것이 보살마하살의 지혜의 지위인가?

불자들이여, 보살마하살의 지혜의 지위에 열 가지가 있다. 과거 미래 현재의 모든 부처님께서 이미 설하셨고, 장차 설하실 것이고, 지금 설하시니, 나도 또한 이와 같이 말한다.

무엇이 열 가지인가?

첫째는 환희지이고, 둘째는 이구지이고, 셋째는 발광지이고, 넷째는 염혜지이고, 다섯째는 난승지이고, 여섯째는 현전지이고, 일곱째는 원행지이고, 여덟째는 부동지이고, 아홉째는

구자 　　선혜지　　십자 　　법운지
九者는 善慧地요 十者는 法雲地라

불자　차보살십지　삼세제불　이설당설금
佛子야 此菩薩十地를 三世諸佛이 已說當說今

설
說이니라

불자　아불견유제불국토　기중여래　불설
佛子야 我不見有諸佛國土에 其中如來가 不說

차십지자　　하이고　차시보살마하살　　향
此十地者니라 何以故오 此是菩薩摩訶薩의 向

보리최상도　역시청정법광명문　　소위분
菩提最上道며 亦是淸淨法光明門이니 所謂分

별연설보살제지
別演說菩薩諸地니라

불자　차처　불가사의　소위제보살수증지
佛子야 此處가 不可思議니 所謂諸菩薩隨證智니라

선혜지이고, 열째는 법운지이다.

불자들이여, 이 보살의 십지를 삼세의 모든 부처님께서 이미 설하셨고, 앞으로 설하실 것이고, 지금 설하신다.

불자들이여, 모든 불국토에 그 가운데 계신 여래께서 이 십지를 설하시지 않는 것을 나는 보지 못하였다. 무슨 까닭인가? 이것은 보살 마하살이 보리로 향하는 최상의 길이며 또한 청정한 법의 광명의 문이니, 이른바 보살의 모든 지위를 분별하여 연설하시는 것이다.

불자들이여, 이 자리는 불가사의하니 이른바 모든 보살들의 증득을 따르는 지혜이다."

爾時에 金剛藏菩薩이 說此菩薩十地名已하시고

黙然而住하사 不復分別하신대 是時에 一切菩薩

衆이 聞菩薩十地名하고 不聞解釋하야 咸生渴

仰하야 作如是念하시니라

何因何緣으로 金剛藏菩薩이 唯說菩薩十地

名하고 而不解釋고

解脫月菩薩이 知諸大衆心之所念하사 以頌問

金剛藏菩薩曰

이때에 금강장 보살이 이 보살 십지의 이름을 말하고는 묵연히 머무르며 다시 분별하지 아니하였다. 이때에 일체 보살 대중들은 보살 십지의 이름만 듣고 해석을 듣지 못하여 모두 갈구하여 우러름을 내어 이와 같은 생각을 하였다.

'무슨 인과 무슨 연으로 금강장 보살은 오직 보살 십지의 이름만 설하고 해석하지 않는가?'

해탈월 보살이 모든 대중들의 마음으로 생각하는 바를 알고 금강장 보살에게 게송으로 물어 말씀하였다.

何故淨覺人이 念智功德具하사

說諸上妙地에 有力不解釋이니잇고

一切咸決定하야 勇猛無怯弱이어늘

何故說地名하고 而不爲開演이니잇고

諸地妙義趣를 此衆皆欲聞하야

其心無怯弱하니 願爲分別說하소서

무슨 까닭으로 청정하게 깨달은 분이
염과 지혜의 공덕을 갖추고
모든 가장 미묘한 지위를 설함에
힘이 있으면서 해석하지 않습니까?

일체가 모두 결정하여
용맹하고 겁약하지 아니하거늘
무슨 까닭으로 지위의 이름만 설하고
위하여 펼쳐 연설하지 않습니까?

모든 지위의 미묘한 이치를
이 대중들이 모두 듣고자 하며
그 마음이 겁약하지 아니하니
원컨대 분별하여 설하소서.

중회실청정
衆會悉淸淨하야

이해태엄결
離懈怠嚴潔하며

능견고부동
能堅固不動하야

구공덕지혜
具功德智慧니이다

상시함공경
相視咸恭敬하야

일체실전앙
一切悉專仰호대

여봉념호밀
如蜂念好蜜하며

여갈사감로
如渴思甘露하노이다

이시 대지무소외금강장보살   문설시이   욕
爾時에 大智無所畏金剛藏菩薩이 聞說是已하고 欲

령중회 심환희고   위제불자   이설송언
令衆會로 心歡喜故로 爲諸佛子하야 而說頌言하시니라

대중모임이 모두 청정하고
게으름을 여의어 깨끗이 장엄하며
능히 견고하여 흔들리지 아니하여
공덕과 지혜를 갖추었습니다.

서로 보고 다 공경하여
일체가 모두 오로지 우러르기를
벌이 좋은 꿀을 생각하듯 하고
목마른 이가 감로를 그리워하듯 합니다.

그때에 큰 지혜 있고 두려울 바 없는 금강장보살이 이 말을 듣고는 모인 대중들로 하여금 마음이 환희하게 하려고, 모든 불자들을 위하여 게송을 설하여 말씀하였다.

보살행지사　　　　최상제불본
菩薩行地事가　　　**最上諸佛本**이니

현시분별설　　　　제일희유난
顯示分別說이　　　**第一希有難**이로다

미세난가견　　　　이념초심지
微細難可見이며　　**離念超心地**며

출생불경계　　　　문자실미혹
出生佛境界니　　　**聞者悉迷惑**이로다

지심여금강　　　　심신불승지
持心如金剛하야　　**深信佛勝智**하며

지심지무아　　　　능문차승법
知心地無我하야사　**能聞此勝法**이로다

보살들이 행하는 십지의 일은
가장 높아 모든 부처님의 근본이니
드러내 보이고 분별하여 설명하기가
제일 희유하고 어렵도다.

미세하여 보기 어렵고
생각을 여의고 마음자리를 초월하며
부처님의 경계를 출생하니
듣는 자는 다 미혹하리라.

마음가짐이 금강과 같고
부처님의 수승한 지혜를 깊이 믿으며
마음자리가 무아임을 알아야
이 수승한 법을 들을 수 있도다.

여공중채화
如空中彩畫하며

여공중풍상
如空中風相하니

모니지여시
牟尼智如是하야

분별심난견
分別甚難見이로다

아념불지혜
我念佛智慧가

최승난사의
最勝難思議라

세간무능수
世間無能受일새

묵연이불설
默然而不說이로라

이시 해탈월보살 문시설이 백금강장
爾時에 解脫月菩薩이 聞是說已하고 白金剛藏

보살언
菩薩言하시니라

허공 가운데 채색 그림과 같고
허공 가운데 바람의 모양과 같이
모니의 지혜가 이와 같아서
분별하여도 매우 보기 어렵도다.

내가 생각하니 부처님의 지혜가
가장 수승하여 사의하기 어려워
세간은 받아들일 수 없으므로
잠자코 말하지 아니하노라.

이때에 해탈월 보살이 이 말을 듣고서 금강장 보살에게 말씀드렸다.

"불자여, 지금 이 대중모임이 모두 다 모였습니다. 깊은 마음을 잘 깨끗하게 하며, 생각을 잘

불자 금차중회 개실이집 선정심심
佛子야 **今此衆會**가 **皆悉已集**하야 **善淨深心**하며

선결사념 선수제행 선집조도 선능
善潔思念하며 **善修諸行**하며 **善集助道**하며 **善能**

친근백천억불 성취무량공덕선근 사
親近百千億佛하며 **成就無量功德善根**하며 **捨**

리치혹 무유구염 심심신해 어불법
離癡惑하며 **無有垢染**하며 **深心信解**하며 **於佛法**

중 불수타교
中에 **不隨他敎**하나니라

선재불자 당승불신력 이위연설 차
善哉佛子야 **當承佛神力**하야 **而爲演說**하소서 **此**

제보살 어여시등심심지처 개능증지
諸菩薩이 **於如是等甚深之處**에 **皆能證知**리이다

이시 해탈월보살 욕중선기의 이설송
爾時에 **解脫月菩薩**이 **欲重宣其義**하사 **而說頌**

정결하게 하며, 모든 행을 잘 닦으며, 도를 돕는 법을 잘 모으며, 백천억 부처님을 잘 능히 친근하며, 한량없는 공덕과 선근을 성취하며, 어리석은 미혹을 버리며, 때에 물들지 아니하며, 깊은 마음으로 믿고 이해하며, 부처님 법 가운데서 다른 이의 가르침을 따르지 아니합니다.

훌륭합니다. 불자여, 마땅히 부처님의 위신력을 받들어 연설해 주소서. 이 모든 보살들은 이와 같은 등 매우 깊은 도리를 모두 능히 증득하여 알 것입니다."

그때에 해탈월 보살이 거듭 그 뜻을 펴려고

왈
曰

원설최안은   보살무상행
願說最安隱한   **菩薩無上行**하소서

분별어제지   지정성정각
分別於諸地하면   **智淨成正覺**하리이다

차중무제구   지해실명결
此衆無諸垢하고   **志解悉明潔**하며

승사무량불   능지차지의
承事無量佛하니   **能知此地義**리이다

이시 금강장보살 언
爾時에 **金剛藏菩薩**이 **言**하시니라

게송을 설하여 말씀하였다.

　원하오니 가장 편안한
　보살의 위없는 행을 설하소서.
　모든 지위를 분별하면
　지혜가 청정하여 정각을 이룰 것입니다.

　이 대중들은 모든 때가 없고
　뜻과 이해가 모두 밝고 정결하며
　한량없는 부처님을 받들어 섬기니
　이 지위의 뜻을 능히 알 것입니다.

　그때에 금강장 보살이 말씀하였다.

불자 수차중집 선정사념 사리우치
佛子야 雖此衆集이 善淨思念하며 捨離愚癡와

급이의혹 어심심법 불수타교 연유기
及以疑惑하고 於甚深法에 不隨他敎나 然有其

여열해중생 문차심심난사의사 다생의
餘劣解衆生이 聞此甚深難思議事하면 多生疑

혹 어장야중 수제쇠뇌 아민차등
惑하야 於長夜中에 受諸衰惱하리니 我愍此等일새

시고묵연
是故黙然이로라

이시 금강장보살 욕중선기의 이설송
爾時에 金剛藏菩薩이 欲重宣其義하사 而說頌

왈
曰

"불자들이여, 비록 이 모인 대중들은 생각을 잘 깨끗이 하며, 어리석음과 의혹을 버려 여의어 매우 깊은 법에 다른 이의 가르침을 따르지 않는다. 그러나 그 밖에 이해가 열등한 중생이 있어서 이 매우 깊고 사의하기 어려운 일을 들으면 많이 의혹을 내어 긴 밤에 모든 괴로움을 받을 것이니, 내가 이러한 이들을 불쌍히 여기어 그러므로 잠자코 있었다."

그때에 금강장 보살이 거듭 그 뜻을 펴려고 게송을 설하여 말씀하였다.

수차중정광지혜 심심명리능결택
雖此衆淨廣智慧하며 甚深明利能決擇하며

기심부동여산왕 불가경복유대해
其心不動如山王하며 不可傾覆猶大海나

유행미구해미득 수식이행불수지
有行未久解未得하야 隨識而行不隨智라

문차생의타악도 아민시등고불설
聞此生疑墮惡道하나니 我愍是等故不說이로라

이시 해탈월보살 중백금강장보살언
爾時에 解脫月菩薩이 重白金剛藏菩薩言하사대

불자 원승불신력 분별설차부사의법
佛子야 願承佛神力하사 分別說此不思議法하소서

비록 이 대중들은 청정하고 지혜가 넓으며
매우 깊고 밝고 예리하여 능히 결택하며
그 마음 흔들리지 않음이 산왕과 같고
기울여 엎을 수 없음이 큰 바다 같으나

행이 오래지 않고 이해를 얻지 못한 이가 있어
식을 따라 행하고 지혜를 따르지 아니하여
이를 들으면 의심을 내어 악도에 떨어지리니
내가 이들을 불쌍히 여기어 말하지 않노라.

그때에 해탈월 보살이 금강장 보살에게 거듭 말씀드렸다.

"불자여, 원컨대 부처님의 위신력을 받들어 이 부사의한 법을 분별하여 설하소서. 이 사

차인 당득여래호념   이생신수
此人이 當得如來護念하야 而生信受하리이다

하이고   설십지시   일체보살   법응여시
何以故오 說十地時에 一切菩薩이 法應如是

득불호념   득호념고   어차지지   능생용
得佛護念하며 得護念故로 於此智地에 能生勇

맹
猛이니라

하이고   차시보살   최초소행   성취일체제
何以故오 此是菩薩의 最初所行에 成就一切諸

불법고   비여서자수설   일체개이자모위
佛法故라 譬如書字數說이 一切皆以字母爲

본   자모구경   무유소분   이자모자
本이라 字母究竟에 無有少分도 離字母者인달하야

불자   일체불법   개이십지위본   십지구
佛子야 一切佛法이 皆以十地爲本이라 十地究

람들이 마땅히 여래의 호념하심을 얻어서 믿고 받아들일 것입니다.

왜냐하면 십지를 설할 때에 일체 보살이 으레 부처님의 호념을 받으며, 호념을 받으므로 이 지혜의 지위에 능히 용맹을 낼 것입니다.

왜냐하면 이것이 보살이 최초에 행하는 바로 일체 모든 부처님의 법을 성취하기 때문입니다. 비유하면 글씨와 글자와 수와 말이 일체가 모두 자모로 근본이 되며 자모가 구경이어서 조금도 자모를 여읜 것이 없는 것과 같습니다.

불자여, 일체 부처님의 법이 다 십지로 근본

경 수행성취   득일체지   시고불자
竟에 修行成就하야 得一切智하나니 是故佛子야

원위연설   차인 필위여래소호   영기
願爲演說하소서 此人이 必爲如來所護하야 令其

신수
信受하리이다

이시 해탈월보살 욕중선기의   이설송
爾時에 解脫月菩薩이 欲重宣其義하사 而說頌

왈
曰

선재불자원연설   취입보리제지행
善哉佛子願演說   趣入菩提諸地行하소서

시방일체자재존   막불호념지근본
十方一切自在尊이   莫不護念智根本하나니라

이 되어 십지가 구경이어서 수행하여 성취하면 일체지를 얻습니다. 그러므로 불자여, 원컨대 연설하여 주소서. 이 사람들은 반드시 여래의 호념하시는 바가 되어서 그들이 믿고 받아들이도록 하실 것입니다."

그때에 해탈월 보살이 거듭 그 뜻을 펴려고 게송을 설하여 말씀하였다.

훌륭합니다, 불자여. 보리에 나아가는
모든 지의 행을 연설하여 주소서.
시방의 일체 자재하고 존귀하신 분이
지혜의 근본을 호념하시지 않음이 없습니다.

차안주지역구경 　　　　　일체불법소종생
此安住智亦究竟이라　　一切佛法所從生이

비여서수자모섭 　　　　여시불법의어지
譬如書數字母攝하야　如是佛法依於地니이다

이시　　제대보살중　　일시동성　　　향금강장
爾時에 諸大菩薩衆이 一時同聲으로 向金剛藏

보살　　　이설송언
菩薩하야 而說頌言하시니라

상묘무구지　　　　　　무변분별변
上妙無垢智와　　　　無邊分別辯으로

선창심미언　　　　　　제일의상응
宣暢深美言하사　　　第一義相應하시며

이 편안히 머무르는 지혜도 또한 구경이어서
일체 불법이 좇아 생겨나는 바이니
비유하면 글씨와 수가 자모에 속하듯
이와 같이 불법은 십지에 의지합니다.

이때에 모든 큰 보살 대중들이 일시에 같은 소리로 금강장 보살을 향하여 게송을 설하여 말씀하였다.

가장 미묘하고 때 없는 지혜와
가없는 분별의 변재로
깊고 아름다운 말씀을 선창하여
제일가는 이치와 서로 응하게 하소서.

염지청정행
念持淸淨行하고

십력집공덕
十力集功德하사

변재분별의
辯才分別義하야

설차최승지
說此最勝地니이다

정계집정심
定戒集正心하야

이아만사견
離我慢邪見이라

차중무의념
此衆無疑念하니

유원문선설
唯願聞善說하노이다

여갈사냉수
如渴思冷水하고

여기념미식
如飢念美食하며

여병억양약
如病憶良藥하고

여봉탐호밀
如蜂貪好蜜이라

청정한 행을 기억하여 지니고
열 가지 힘으로 공덕을 모아서
변재로 뜻을 분별하여
이 가장 수승한 지위를 설하소서.

정과 계로 바른 마음을 모아서
아만과 삿된 소견을 여의어
이 대중이 의혹하는 생각이 없으니
오직 원컨대 좋은 말씀 듣고자 합니다.

목마른 이가 냉수를 생각하듯이
굶주린 이가 맛난 음식을 생각하듯이
병든 이가 좋은 약을 생각하듯이
벌이 좋은 꿀을 탐하듯이

아등역여시   원문감로법
我等亦如是하야   願聞甘露法하노니

선재광대지   원설입제지
善哉廣大智로   願說入諸地하야

성십력무애   선서일체행
成十力無礙하는   善逝一切行하소서

이시 세존 종미간출청정광명   명보
爾時에 世尊이 從眉間出淸淨光明하시니 名菩

살력염명   백천아승지광명   이위권속
薩力燄明이라 百千阿僧祇光明으로 以爲眷屬하니라

보조시방일체세계   미부주변   삼악도
普照十方一切世界하야 靡不周徧하니 三惡道

고 개득휴식   우조일체여래중회   현
苦가 皆得休息하며 又照一切如來衆會하사 顯

우리들도 또한 이와 같이
감로법 듣기를 원합니다.

훌륭합니다. 넓고 큰 지혜로
원컨대 모든 지위에 들어가
십력을 이루어서 걸림 없는
선서의 일체 행을 설하소서.

  이때에 세존께서 미간으로 청정한 광명을 놓으시니 이름이 보살력염명이며, 백천 아승지 광명으로 권속이 되었다.

  시방 일체 세계를 널리 비추어서 두루하지 않음이 없으니 삼악도의 고통이 모두 쉬었다.

現_현諸_제佛_불不_부思_사議_의力_력하며 又_우照_조十_시方_방一_일切_체世_세界_계에 一_일切_체諸_제佛_불所_소加_가說_설法_법菩_보薩_살之_지身_신하니라

作_작是_시事_사已_이하시고 於_어上_상虛_허空_공中_중에 成_성大_대光_광明_명雲_운網_망臺_대而_이住_주하니라

時_시에 十_시方_방諸_제佛_불도 悉_실亦_역如_여是_시하사 從_종眉_미間_간出_출清_청淨_정光_광明_명하시니 其_기光_광의 名_명号_호眷_권屬_속作_작業_업이 悉_실同_동於_어此_차하니라

又_우亦_역照_조此_차娑_사婆_바世_세界_계佛_불及_급大_대衆_중과 并_병金_금剛_강藏_장菩_보薩_살身_신과 師_사子_자座_좌已_이하시고 於_어上_상虛_허空_공中_중에 成_성大_대光_광

또 일체 여래의 대중모임을 비추어 모든 부처님의 부사의한 힘을 나타내며, 또 시방 일체 세계의 일체 모든 부처님의 가피로 법을 설하는 보살의 몸을 비추었다.

이러한 일을 하고는 위 허공 가운데 큰 광명 구름 그물 누대를 이루어 머물렀다.

이때에 시방의 모든 부처님도 다 또한 이와 같이 미간에서 청정한 광명을 놓으시니, 그 광명의 이름과 권속과 하는 일이 다 이와 같았다.

또한 이 사바세계의 부처님과 대중과 금강장보살의 몸과 사자좌를 비추고는 위 허공 가운

명운망대
明雲網臺하시니라

시   광대중   이제불위신력고   이설송언
時에 光臺中에 以諸佛威神力故로 而說頌言하시니라

불무등등여허공　　　　십력무량승공덕
佛無等等如虛空하시며 十力無量勝功德이시며

인간최승세중상　　　　석사자법가어피
人間最勝世中上인 釋師子法加於彼로다

불자당승제불력　　　　개차법왕최승장
佛子當承諸佛力하야 開此法王最勝藏하야

제지광지승묘행　　　　이불위신분별설
諸地廣智勝妙行을 以佛威神分別說이어다

데 큰 광명구름 그물 누대를 이루었다.

 그때에 광명 누대 중에서 모든 부처님의 위신력으로 게송을 설하여 말하였다.

부처님은 동등함이 없어 허공과 같으시고
십력과 한량없는 수승한 공덕이시며
인간에서 가장 수승하고 세상의 으뜸이라
석사자의 법으로 그대에게 가피하시도다.

불자여, 마땅히 모든 부처님의 힘을 받들어
이러한 법왕의 가장 수승한 창고를 열고
모든 지위의 넓은 지혜와 수승하고 미묘한 행을
부처님의 위신력으로 분별하여 설할지어다.

약위선서력소가 　　　　　당득법보입기심
若爲善逝力所加면　　　**當得法寶入其心**하야

제지무구차제만 　　　　　역구여래십종력
諸地無垢次第滿하며　　**亦具如來十種力**이라

수주해수겁화중 　　　　　감수차법필득문
雖住海水劫火中이라도　**堪受此法必得聞**이어니

기유생의불신자 　　　　　영부득문여시의
其有生疑不信者는　　　**永不得聞如是義**로다

응설제지승지도 　　　　　입주전전차수습
應說諸地勝智道와　　　**入住展轉次修習**과

종행경계법지생 　　　　　이익일체중생고
從行境界法智生이니　　**利益一切衆生故**니라

만약 선서의 힘에 가피 받으면
마땅히 법보를 얻어 그 마음에 들어가
모든 지위가 때 없고 차례로 원만하며
또한 여래의 열 가지 힘도 갖추리라.

비록 바닷물과 겁화 중에 머물러도
이 법을 받을 수 있다면 반드시 듣거니와
의심내어 믿지 않는 자들은
영원히 이와 같은 뜻을 듣지 못하리라.

마땅히 모든 지위의 수승한 지혜의 길에
들어가서 머무르고 점점 차례로 닦아 익힘과
행과 경계로부터 법의 지혜 생김을 설할지니
일체 중생을 이익하게 하는 까닭이로다.

이시　　금강장보살　　관찰시방　　욕령대
爾時에 金剛藏菩薩이 觀察十方하고 欲令大

중　　증정신고　　이설송왈
衆으로 增淨信故로 而說頌曰

여래대선도　　　　　　미묘난가지
如來大仙道가　　　　　微妙難可知라

비념이제념　　　　　　구견불가득
非念離諸念하니　　　　求見不可得이로다

무생역무멸　　　　　　성정항적연
無生亦無滅하며　　　　性淨恒寂然하니

이구총혜인　　　　　　피지소행처
離垢聰慧人의　　　　　彼智所行處로다

그때에 금강장 보살이 시방을 관찰하고 대중들에게 청정한 믿음을 증장하게 하려고 게송을 설하여 말씀하였다.

여래이신 큰 신선의 도가
미묘하여 알기 어려우니
생각이 아니고 모든 생각을 여의어
보기를 구해도 볼 수 없도다.

생겨남도 없고 없어짐도 없으며
성품이 청정하고 항상 고요하니
때를 여읜 총명한 지혜의 사람이
그 지혜로 행할 바의 곳이로다.

| 자성본공적 | 무이역무진 |
| **自性本空寂**하야 | **無二亦無盡**이라 |

| 해탈어제취 | 열반평등주 |
| **解脫於諸趣**하야 | **涅槃平等住**로다 |

| 비초비중후 | 비언사소설 |
| **非初非中後**며 | **非言辭所說**이라 |

| 출과어삼세 | 기상여허공 |
| **出過於三世**하야 | **其相如虛空**이로다 |

| 적멸불소행 | 언설막능급 |
| **寂滅佛所行**이라 | **言說莫能及**이니 |

| 지행역여시 | 난설난가수 |
| **地行亦如是**하야 | **難說難可受**로다 |

자성이 본래 공적하여
둘도 없고 다함도 없으니
모든 갈래에서 해탈하여
열반과 평등하게 머무르도다.

처음도 아니고 중간도 끝도 아니며
말로 설할 바가 아니니
삼세를 벗어나
그 모양이 허공과 같도다.

적멸은 부처님의 행하시는 바라
언설로는 미칠 수 없으니
십지의 행도 또한 이와 같아서
설하기 어렵고 받기도 어렵도다.

지기불경계
智起佛境界는

비념이심도
非念離心道며

비온계처문
非蘊界處門이니

지지의불급
智知意不及이로다

여공중조적
如空中鳥迹을

난설난가시
難說難可示하야

여시십지의
如是十地義를

심의불능료
心意不能了로다

자비급원력
慈悲及願力으로

출생입지행
出生入地行하야

차제원만심
次第圓滿心은

지행비여경
智行非慮境이라

지혜를 일으키는 부처님 경계는
생각도 아니고 마음의 길도 여의어
온과 계와 처의 부문이 아니니
지혜로 알고 의식은 미치지 못하도다.

허공 가운데 새의 발자국을
말하기 어렵고 보이기도 어렵듯이
이와 같이 십지의 이치를
마음과 의식으로는 알 수 없도다.

자비와 원력으로
십지에 들어가는 행을 내어
차례로 원만하게 하는 마음은
지혜로 행하고 생각의 경계가 아니로다.

시경계난견
是境界難見이니

가지불가설
可知不可說이로다

불력고개연
佛力故開演호리니

여등응경수
汝等應敬受어다

여시지입행
如是智入行은

억겁설부진
億劫說不盡이니

아금단약설
我今但略說이나

진실의무여
眞實義無餘니라

일심공경대
一心恭敬待하라

아승불력설
我承佛力說호대

승법미묘음
勝法微妙音과

비유자상응
譬諭字相應이니라

이 경계는 보기 어려워
알 수는 있어도 말할 수 없으나
부처님의 힘인 까닭에 열어서 설명하리니
그대들은 응당 공경하여 받을지어다.

이와 같은 지혜로 들어가는 행은
억 겁 동안 말해도 다할 수 없고
내가 지금 다만 간략히 설하나
진실한 뜻은 남음이 없도다.

일심으로 공경히 기다리라.
내가 부처님의 힘을 받들어 설하리니
수승한 법과 미묘한 소리와
비유와 문자가 서로 응하리라.

무량불신력 함래입아신
無量佛神力이 咸來入我身하니

차처난선시 아금설소분
此處難宣示나 我今說少分호리라

불자 약유중생 심종선근 선수제행
佛子야 若有衆生이 深種善根하면 善修諸行하며

선집조도 선공양제불 선집백정법
善集助道하며 善供養諸佛하며 善集白淨法하며

위선지식선섭 선청정심심 입광대지
爲善知識善攝하며 善淸淨深心하며 立廣大志하며

생광대해 자비현전
生廣大解하며 慈悲現前하나니라

한량없는 부처님의 위신력이
모두 나의 몸에 들어왔으니
이 도리를 펼쳐 보이기 어려우나
내가 이제 조금만 설하리라.

"불자들이여, 만약 어떤 중생이 선근을 깊이 심으면 모든 행을 잘 닦으며, 도를 돕는 법을 잘 모으며, 모든 부처님께 잘 공양올리며, 희고 깨끗한 법을 잘 모으며, 선지식의 잘 거두어 주심이 되며, 깊은 마음을 잘 청정하게 하며, 광대한 뜻을 세우며, 광대한 이해를 내며, 자비가 앞에 나타난다.

위구불지고　　위득십력고　　위득대무외고
爲求佛智故며 爲得十力故며 爲得大無畏故며

위득불평등법고
爲得佛平等法故니라

위구일체세간고　　위정대자비고　　위득시
爲救一切世間故며 爲淨大慈悲故며 爲得十

방무여지고　　위정일체불찰　　무장애고
方無餘智故며 爲淨一切佛刹하야 無障礙故며

위일념　지일체삼세고　　위전대법륜　　무
爲一念에 知一切三世故며 爲轉大法輪하야 無

소외고
所畏故라

불자　보살　기여시심　이대비위수　　지
佛子야 菩薩이 起如是心은 以大悲爲首하야 智

부처님의 지혜를 구하기 위한 까닭이며, 십력을 얻기 위한 까닭이며, 크게 두려움 없음을 얻기 위한 까닭이며, 부처님의 평등한 법을 얻기 위한 까닭이다.

일체 세간을 구호하기 위한 까닭이며, 큰 자비를 깨끗이 하기 위한 까닭이며, 시방에 남음이 없는 지혜를 얻기 위한 까닭이며, 일체 부처님 세계를 깨끗이 하여 장애가 없게 하기 위한 까닭이며, 한 생각에 일체 삼세를 알기 위한 까닭이며, 큰 법륜을 굴리어 두려울 바가 없게 하기 위한 까닭이다.

혜증상　　　선교방편소섭　　　최상심심소
慧增上이며 善巧方便所攝이며 最上深心所

지　　여래력무량　　　선관찰분별　　　용맹력
持며 如來力無量이며 善觀察分別과 勇猛力과

지력　　무애지　　　현전　　　수순자연지　　　능
智力과 無礙智가 現前이며 隨順自然智하며 能

수일체불법　　　이지혜교화
受一切佛法하야 以智慧敎化하나니라

광대여법계　　　구경여허공　　　진미래제
廣大如法界하며 究竟如虛空하야 盡未來際니라

불자　　보살　　시발여시심　　　즉득초범부
佛子야 菩薩이 始發如是心하면 即得超凡夫

지　　입보살위　　　생여래가
地하야 入菩薩位하며 生如來家하나니라

불자들이여, 보살이 이와 같은 마음을 일으키는 것은 대비로 으뜸을 삼아 지혜가 늘고, 선교 방편에 포섭되며, 가장 훌륭한 깊은 마음으로 유지되고, 여래의 힘이 한량없으며, 잘 관찰하고 분별하며, 용맹한 힘과 지혜의 힘과 걸림 없는 지혜가 앞에 나타나고, 저절로 그러한 지혜를 따르며, 일체 불법을 능히 받아들이고 지혜로써 교화함이다.

광대하기가 법계와 같고 끝없기가 허공과 같아서 미래제를 다한다.

불자들이여, 보살이 처음 이와 같은 마음을

무능설기종족과실 이세간취 입출세
無能說其種族過失하며 離世間趣하야 入出世

도 득보살법 주보살처 입삼세평
道하며 得菩薩法하며 住菩薩處하며 入三世平

등 어여래종중 결정당득무상보리
等하며 於如來種中에 決定當得無上菩提니라

보살 주여시법 명주보살환희지 이부동
菩薩이 住如是法이 名住菩薩歡喜地니 以不動

상응고
相應故니라

불자 보살 주환희지 성취다환희 다
佛子야 菩薩이 住歡喜地에 成就多歡喜와 多

정신 다애락 다적열 다흔경 다용약
淨信과 多愛樂과 多適悅과 多欣慶과 多踊躍과

내면 곧 범부의 자리를 뛰어넘어 보살의 지위에 들어가서 여래의 집에 태어난다.

그 종족의 허물을 능히 말할 이가 없으며, 세간의 갈래를 여의고 출세간의 도에 들어가며, 보살의 법을 얻고, 보살의 자리에 머무르며, 삼세가 평등함에 들어가고, 여래의 종성에서 결정코 마땅히 위없는 보리를 얻는다.

보살이 이와 같은 법에 머무름을 보살의 환희지에 머무른다고 이름하니, 흔들리지 않는 법과 서로 응하는 까닭이다.

불자들이여, 보살이 환희지에 머무르면 많은

多勇猛과 多無鬪諍과 多無惱害와 多無瞋

恨이니라

佛子야 菩薩이 住此歡喜地에 念諸佛故로 生歡喜하며 念諸佛法故로 生歡喜하며 念諸菩薩故로 生歡喜하며 念諸菩薩行故로 生歡喜하며 念淸淨諸波羅蜜故로 生歡喜하니라

念諸菩薩地殊勝故로 生歡喜하며 念菩薩不可

환희와, 많은 청정한 믿음과, 많은 즐거움과, 많은 희열과, 많은 기쁨과, 많은 뛰어오름과, 많은 용맹과, 많은 투쟁 없음과, 많은 고뇌와 해로움 없음과, 많은 성냄이 없음을 성취한다.

 불자들이여, 보살이 이 환희지에 머무름에 모든 부처님을 생각하므로 환희하고, 모든 부처님의 법을 생각하므로 환희하고, 모든 보살들을 생각하므로 환희하고, 모든 보살들의 행을 생각하므로 환희하고, 청정한 모든 바라밀을 생각하므로 환희한다.
 모든 보살들의 지위가 수승함을 생각하므로

괴고 　　　생환희　　　염여래교화중생고　　　생환
壞故로 生歡喜하며 念如來敎化衆生故로 生歡

희　　　염능령중생　　　득이익고　　　생환희
喜하며 念能令衆生으로 得利益故로 生歡喜하며

염입일체여래지방편고　　　생환희
念入一切如來智方便故로 生歡喜니라

부작시념
復作是念하니라

아전이일체세간경계고　　　생환희　　　친근일
我轉離一切世間境界故로 生歡喜하며 親近一

체불고　　　생환희　　　원리범부지고　　　생환
切佛故로 生歡喜하며 遠離凡夫地故로 生歡

희　　　근지혜지고　　　생환희　　　영단일체악
喜하며 近智慧地故로 生歡喜하며 永斷一切惡

취고　　　생환희
趣故로 生歡喜하니라

환희하고, 보살의 깨뜨릴 수 없음을 생각하므로 환희하고, 여래의 중생 교화하심을 생각하므로 환희하고, 능히 중생이 이익을 얻게 함을 생각하므로 환희하고, 일체 여래의 지혜와 방편에 들어감을 생각하므로 환희한다.

다시 이러한 생각을 한다.

'내가 일체 세간의 경계를 점점 여의므로 환희하고, 일체 부처님을 친근하므로 환희하고, 범부의 자리를 멀리 여의므로 환희하고, 지혜의 지위에 가까워지므로 환희하고, 일체 나쁜 갈래를 영원히 끊으므로 환희한다.

일체 중생에게 의지처가 되어주므로 환희하

與一切衆生으로 作依止處故로 生歡喜하며 見

一切如來故로 生歡喜하며 生佛境界中故로 生

歡喜하며 入一切菩薩平等性中故로 生歡喜하며

遠離一切怖畏毛豎等事故로 生歡喜니라

何以故오 此菩薩이 得歡喜地已에 所有怖畏를

悉得遠離하나니라

所謂不活畏와 惡名畏와 死畏와 惡道畏와 大衆

고, 일체 여래를 친견하므로 환희하고, 부처님의 경계에 태어나므로 환희하고, 일체 보살의 평등한 성품에 들어가므로 환희하고, 일체 공포와 털이 곤두서는 등의 일을 멀리 여의므로 환희한다.'

 무슨 까닭인가? 이 보살이 환희지를 얻고는 있는 바 공포를 모두 멀리 여읜다.

 이른바 살아가지 못할 공포와, 나쁜 이름 들을 공포와, 죽을 공포와, 나쁜 갈래에 떨어질 공포와, 대중의 위덕에 대한 공포이다. 이와 같은 공포를 모두 영원히 여읜다.

위덕외　　　　여시포외　　　　개득영리
威德畏니 如是怖畏를 皆得永離니라

하 이 고
何以故오

차 보살　　　이아상고　　　상불애자신　　　　　하 황
此菩薩이 離我想故로 尙不愛自身이어든 何況

자 재　　　시 고　　　무유불활외
資財아 是故로 無有不活畏하나니라

불어타소　　　　희구공양　　　　유전급시일체중
不於他所에 希求供養하고 唯專給施一切衆

생　　　시 고　　　무유악명외
生일새 是故로 無有惡名畏하나니라

원리아견　　　　무유아상　　　시 고　　　무유사외
遠離我見하야 無有我想일새 是故로 無有死畏하나니라

무슨 까닭인가?

이 보살이 '나'라는 생각을 여의었으므로 오히려 자신도 애착하지 않는데 어찌 하물며 재물이겠는가? 그러므로 살아가지 못할 공포가 없다.

다른 곳에서 공양을 바라지 않고 오직 오로지 일체 중생에게 보시만 하니, 그러므로 나쁜 이름 들을 공포가 없다.

'나'라는 견해를 멀리 여의어 '나'라는 생각이 없으니, 그러므로 죽을 공포가 없다.

자신이 죽고 나서 결정코 모든 부처님과 보살들을 떠나지 아니할 줄 아니, 그러므로 나쁜 갈래에 떨어질 공포가 없다.

자지사이　　결정불리제불보살　　　시고　무
自知死已에 決定不離諸佛菩薩일새 是故로 無

유악도외
有惡道畏하니라

아소지락　　일체세간　　무여등자　　하황유
我所志樂을 一切世間이 無與等者어든 何況有

승　시고　무유대중위덕외
勝가 是故로 無有大衆威德畏니라

보살　　여시원리경포모수등사
菩薩이 如是遠離驚怖毛豎等事니라

불자　차보살　이대비위수　　광대지락
佛子야 此菩薩이 以大悲爲首하야 廣大志樂을

무능저괴　　전갱근수일체선근　　이득성
無能沮壞하며 轉更勤修一切善根하야 而得成

내가 뜻에 즐겨하는 것은 일체 세간에서 동등할 이가 없는데, 어찌 하물며 수승할 이가 있겠는가? 그러므로 대중의 위덕에 대한 공포가 없다.

보살이 이와 같이 공포와 털이 곤두서는 등의 일을 멀리 떠난다.

불자들이여, 이 보살이 대비로 으뜸을 삼아 광대한 뜻의 즐거움을 능히 저해할 이가 없고, 점점 부지런히 일체 선근을 닦아서 성취한다.

이른바 믿음이 늘어나는 까닭이며, 청정한 믿음이 많아지는 까닭이며, 이해가 청정한 까

취
就하나니라

소위신증상고 다정신고 해청정고 신결
所謂信增上故며 **多淨信故**며 **解淸淨故**며 **信決**

정고 발생비민고 성취대자고
定故며 **發生悲愍故**며 **成就大慈故**니라

심무피해고 참괴장엄고 성취유화고 경
心無疲懈故며 **慚愧莊嚴故**며 **成就柔和故**며 **敬**

순존중제불교법고 일야수집선근 무염
順尊重諸佛敎法故며 **日夜修集善根**호대 **無厭**

족고
足故니라

친근선지식고 상애락법고 구다문무
親近善知識故며 **常愛樂法故**며 **求多聞無**

염족고 여소문법정관찰고 심무의착
厭足故며 **如所聞法正觀察故**며 **心無依著**

닭이며, 믿음이 결정한 까닭이며, 가엾게 여김을 내는 까닭이며, 대자를 성취하는 까닭이다.

　마음에 피로와 고달픔이 없는 까닭이며, 참괴로 장엄하는 까닭이며, 부드럽고 온화함을 성취하는 까닭이며, 모든 부처님의 교법을 공경하여 따르고 존중하는 까닭이며, 밤낮으로 선근을 닦아 모으되 만족해 싫어함이 없는 까닭이다.

　선지식을 친근하는 까닭이며, 항상 법을 사랑하는 까닭이며, 많이 듣기를 구함에 만족해 싫어함이 없는 까닭이며, 들은 바 법대로 바르게 관찰하는 까닭이며, 마음에 의지하여 집착함이 없는 까닭이다.

고
故니라

불탐착이양명문공경고　불구일체자생지
不耽著利養名聞恭敬故며 **不求一切資生之**

물고　생여보심　　무염족고　구일체지지
物故며 **生如寶心**호대 **無厭足故**며 **求一切智地**

고　구여래력무외불공불법고
故며 **求如來力無畏不共佛法故**니라

구제바라밀조도법고　　이제첨광고　　여
求諸波羅蜜助道法故며 **離諸諂誑故**며 **如**

설능행고　상호실어고　불오여래가
說能行故며 **常護實語故**며 **不汙如來家**

고
故니라

불사보살계고　생일체지심　　여산왕부동
不捨菩薩戒故며 **生一切智心**하야 **如山王不動**

이양이나 명예나 공경을 탐착하지 않는 까닭이며, 일체 살림하는 물품을 구하지 않는 까닭이며, 보배 같은 마음을 내되 만족해 싫어함이 없는 까닭이며, 일체지의 지위를 구하는 까닭이며, 여래의 힘과 두려움 없음과 함께하지 않는 부처님 법을 구하는 까닭이다.

모든 바라밀과 도를 돕는 법을 구하는 까닭이며, 모든 아첨과 속임을 여의는 까닭이며, 말한 대로 능히 행하는 까닭이며, 항상 진실한 말을 보호하는 까닭이며, 여래의 집을 더럽히지 않는 까닭이다.

보살계를 버리지 않는 까닭이며, 일체지의 마

故며 不捨一切世間事하고 成就出世間道故며

集助菩提分法호대 無厭足故며 常求上上殊勝

道故라

佛子야 菩薩이 成就如是淨治地法이 名爲安住

菩薩歡喜地니라

佛子야 菩薩이 住此歡喜地하야 能成就如是大

誓願과 如是大勇猛과 如是大作用하나니라

음을 내어 산왕과 같이 흔들리지 않는 까닭이며, 일체 세간의 일을 버리지 않고 출세간의 도를 성취하는 까닭이며, 보리를 돕는 부분법을 모으되 만족해 싫어함이 없는 까닭이며, 높고 높은 수승한 도를 항상 구하는 까닭이다.

불자들이여, 보살이 이와 같이 지의 법을 깨끗이 다스림을 성취하는 것을 이름하여 보살의 환희지에 편안히 머무른다고 한다.

불자들이여, 보살이 이 환희지에 머물러 이와 같은 큰 서원과 이와 같은 큰 용맹과 이와 같은 큰 작용을 능히 성취한다.

소위생광대청정결정해　　　이일체공양지
所謂生廣大淸淨決定解하야 **以一切供養之**

구　　공경공양일체제불　　　영무유여
具로 **恭敬供養一切諸佛**하야 **令無有餘**하나니라

광대여법계　　　구경여허공　　　진미래제
廣大如法界하며 **究竟如虛空**하며 **盡未來際**하야

일체겁수　　무유휴식
一切劫數에 **無有休息**이니라

우발대원　　　원수일체불법륜　　　원섭일체
又發大願호대 **願受一切佛法輪**하며 **願攝一切**

불보리　　　원호일체제불교　　　원지일체제
佛菩提하며 **願護一切諸佛敎**하며 **願持一切諸**

불법
佛法하나니라

이른바 광대하고 청정하고 결정한 이해를 내어 일체 공양거리로 일체 모든 부처님을 공경하고 공양하여 남음이 없게 한다.

광대하기가 법계와 같고 끝없기가 허공과 같아서 미래제가 다하도록 일체 겁 동안에 휴식함이 없다.

또 큰 원을 세우기를, '일체 부처님의 법륜을 받아지이다, 일체 부처님의 보리를 거두어지이다, 일체 모든 부처님의 가르침을 보호하여지이다, 일체 모든 부처님의 법을 지니어지이다.'라고 한다.

광대여법계 구경여허공 진미래제
廣大如法界하며 **究竟如虛空**하며 **盡未來際**하야

일체겁수 무유휴식
一切劫數에 **無有休息**이니라

우발대원 원일체세계 불흥우세 종
又發大願호대 **願一切世界**에 **佛興于世**하사 **從**

도솔천궁몰 입태 주태 초생 출
兜率天宮沒하야 **入胎**하며 **住胎**하며 **初生**하며 **出**

가 성도 설법 시현열반 개실
家하며 **成道**하며 **說法**하며 **示現涅槃**이어시든 **皆悉**

왕예 친근공양 위중상수 수행정
往詣하야 **親近供養**하며 **爲衆上首**하야 **受行正**

법 어일체처 일시이전
法하고 **於一切處**에 **一時而轉**하니라

광대하기가 법계와 같고 끝없기가 허공과 같아서 미래제가 다하도록 일체 겁 동안에 휴식함이 없다.

또 큰 원을 세우기를, '일체 세계에서 부처님께서 세상에 출현하심에 도솔천궁에서 떠나 태에 들며 태에 머무르며 탄생하며 출가하며 성도하며 설법하며 열반을 나타내 보이시니, 모두 다 나아가서 친근하고 공양올리며, 대중의 상수가 되어 바른 법을 받아 행하며, 일체처에서 일시에 굴려지이다.'라고 한다.

광대하기가 법계와 같고 끝없기가 허공과 같

광대여법계　　　구경여허공　　　진미래제
廣大如法界하며 **究竟如虛空**하며 **盡未來際**하야

일체겁수　　무유휴식
一切劫數에 **無有休息**이니라

우발대원　　　원일체보살행　　　광대무량
又發大願호대 **願一切菩薩行**이 **廣大無量**하야

불괴부잡　　　섭제바라밀　　　정치제지　　　총
不壞不雜하며 **攝諸波羅蜜**하야 **淨治諸地**하며 **總**

상별상　　동상이상　　성상괴상　　소유보살
相別相과 **同相異相**과 **成相壞相**의 **所有菩薩**

행　　개여실설　　　교화일체　　　영기수행
行을 **皆如實說**하야 **敎化一切**하야 **令其受行**하야

심득증장
心得增長하나니라

아서 미래제가 다하도록 일체 겁 동안에 휴식함이 없다.

 또 큰 원을 세우기를, '일체 보살행이 광대하고 한량없으며, 부서지지 않고 잡되지 않으며, 모든 바라밀을 거두어서 모든 지위를 청정하게 다스리며, 전체인 모양과 각각인 모양과 같은 모양과 다른 모양과 이루는 모양과 무너지는 모양의 있는 바 보살행을 모두 사실대로 설하여 일체를 교화해서 그들로 하여금 받아 행하고 마음이 증장케 하여지이다.'라고 한다.
 광대하기가 법계와 같고 끝없기가 허공과 같

광대여법계　　구경여허공　　진미래제
廣大如法界하며 究竟如虛空하며 盡未來際하야

일체겁수　　무유휴식
一切劫數에 無有休息이니라

우발대원　　원일체중생계　　유색무색　　유
又發大願호대 願一切衆生界의 有色無色과 有

상무상　　비유상비무상　　난생태생습생화
想無想과 非有想非無想과 卵生胎生濕生化

생　　삼계소계　　입어육취　　일체생처　　명
生과 三界所繫와 入於六趣와 一切生處와 名

색소섭　　여시등류　　아개교화　　영입불
色所攝인 如是等類를 我皆敎化하야 令入佛

법　　영영단일체세간취　　영안주일체지
法하며 令永斷一切世間趣하고 令安住一切智

아서 미래제가 다하도록 일체 겁 동안에 휴식함이 없다.

 또 큰 원을 세우기를, '일체 중생계에서 색 있는 것과, 색 없는 것과, 생각 있는 것과, 생각 없는 것과, 생각 있지 않은 것 생각 없지 않은 것과, 난생과, 태생과, 습생과, 화생으로, 삼계에 얽매인 것과 여섯 갈래에 들어가 일체 태어나는 곳의 이름과 물질에 거두어지는 이와 같은 부류들을 내가 모두 교화하여 불법에 들어가게 하며 일체 세간의 갈래를 영원히 끊게 하며 일체지의 지혜의 길에 편안히 머무르

지 도
智道하니라

광대여법계 　　구경여허공 　　진미래제
廣大如法界하며 **究竟如虛空**하며 **盡未來際**하야

일체겁수 　무유휴식
一切劫數에 **無有休息**이니라

우발대원 　　원일체세계 　　광대무량 　　추
又發大願호대 **願一切世界**의 **廣大無量**과 **麤**

세 　난주도주정주 　　약입약행약거 　　여제
細와 **亂住倒住正住**와 **若入若行若去**와 **如帝**

망차별 　시방무량종종부동 　　지개명료
網差別과 **十方無量種種不同**을 **智皆明了**하야

현 전 지 견
現前知見하니라

게 하여지이다.'라고 한다.

광대하기가 법계와 같고 끝없기가 허공과 같아서 미래제가 다하도록 일체 겁 동안에 휴식함이 없다.

또 큰 원을 세우기를, '일체 세계가 광대하고, 한량없고, 굵고, 미세하고, 어지러이 있고, 거꾸로 있고, 바르게 있고, 들어가고, 다니고, 가는 것이, 제석천의 그물처럼 차별하여 시방에 한량없이 갖가지로 같지 않은 것을 지혜로 모두 분명히 알아 앞에 나타난 듯이 알고 보아지이다.'라고 한다.

광대여법계   구경여허공   진미래제
廣大如法界하며 究竟如虛空하며 盡未來際하야

일체겁수 무유휴식
一切劫數에 無有休息이니라

우발대원   원일체국토   입일국토   일
又發大願호대 願一切國土가 入一國土하고 一

국토   입일체국토   무량불토   보개청
國土가 入一切國土하며 無量佛土가 普皆淸

정   광명중구 이위장엄   이일체번뇌
淨하며 光明衆具로 以爲莊嚴하며 離一切煩惱하야

성취청정도   무량지혜중생 충만기중
成就淸淨道하며 無量智慧衆生이 充滿其中하며

보입광대제불경계   수중생심   이위시
普入廣大諸佛境界하며 隨衆生心하야 而爲示

광대하기가 법계와 같고 끝없기가 허공과 같아서 미래제가 다하도록 일체 겁 동안에 휴식함이 없다.

또 큰 원을 세우기를, '일체 국토가 한 국토에 들어가고 한 국토가 일체 국토에 들어가며, 한량없는 불국토가 널리 모두 청정하며, 광명의 온갖 도구로 장엄하며, 일체 번뇌를 여의고 청정한 도를 성취하며, 한량없는 지혜 있는 중생들이 그 가운데 충만하며, 광대한 모든 부처님의 경계에 널리 들어가 중생들의 마음을 따라 나타내 보여 모두 환희케 하여지이다.'라고 한다.

현 개령환희
現하야 **皆令歡喜**하니라

광대여법계 구경여허공 진미래제
廣大如法界하며 **究竟如虛空**하며 **盡未來際**하야

일체겁수 무유휴식
一切劫數에 **無有休息**이니라

우발대원 원여일체보살 동일지행
又發大願호대 **願與一切菩薩**로 **同一志行**하며

무유원질 집제선근 일체보살 평등
無有怨嫉하야 **集諸善根**하며 **一切菩薩**로 **平等**

일연 상공집회 불상사리 수의능현
一緣하며 **常共集會**하야 **不相捨離**하며 **隨意能現**

종종불신
種種佛身하니라

광대하기가 법계와 같고 끝없기가 허공과 같아서 미래제가 다하도록 일체 겁 동안에 휴식함이 없다.

또 큰 원을 세우기를, '일체 보살과 더불어 뜻과 행이 같으며, 원망과 미움이 없이 모든 선근을 모으며, 일체 보살과 평등하게 한가지로 반연하며, 항상 함께 모여서 서로 떠나지 아니하며, 뜻 따라 능히 갖가지 부처님의 몸을 나타내어지이다.

자기 마음대로 능히 일체 여래의 경계와 위력과 지혜를 알며, 물러나지 않고 뜻과 같은

임기자심　　능지일체여래경계　위력지
任其自心하야 能知一切如來境界와 威力智

혜　　득불퇴여의신통　　유행일체세계
慧하며 得不退如意神通하며 遊行一切世界하며

현형일체중회　　보입일체생처　　성취부
現形一切衆會하며 普入一切生處하며 成就不

사의대승　　수보살행
思議大乘하야 修菩薩行하나라

광대여법계　　구경여허공　　진미래제
廣大如法界하며 究竟如虛空하며 盡未來際하야

일체겁수　무유휴식
一切劫數에 無有休息이니라

우발대원　　원승불퇴륜　　행보살행　　신
又發大願호대 願乘不退輪하고 行菩薩行하야 身

신통을 얻어 일체 세계에 유행하며, 일체 대중 모임에 형체를 나타내며, 일체 태어나는 곳에 널리 들어가서 부사의한 대승을 성취하고 보살의 행을 닦아지이다.'라고 한다.

광대하기가 법계와 같고 끝없기가 허공과 같아서 미래제가 다하도록 일체 겁 동안에 휴식함이 없다.

또 큰 원을 세우기를, '물러나지 않는 법륜을 타고 보살행을 행하되 몸과 말과 뜻의 업이 다 헛되지 아니하여 만약 잠깐만 보아도 반드시 부처님 법에 결정하고, 잠깐만 소리를 들어

어의업   실부당연   약잠견자   즉필정
語意業이 悉不唐捐하며 若暫見者라도 則必定

불법   잠문음성   즉득실지혜
佛法하고 暫聞音聲이라도 則得實智慧하나니라

재생정신   즉영단번뇌   득여대약왕수
纔生淨信이라도 則永斷煩惱하며 得如大藥王樹

신   득여여의보신   수행일체보살행
身하고 得如如意寶身하야 修行一切菩薩行하나니라

광대여법계   구경여허공   진미래제
廣大如法界하며 究竟如虛空하며 盡未來際하야

일체겁수   무유휴식
一切劫數에 無有休息이니라

우발대원   원어일체세계   성아뇩다라삼
又發大願호대 願於一切世界에 成阿耨多羅三

도 진실한 지혜를 얻어지이다.

 청정한 신심을 겨우 내어도 영원히 번뇌를 끊으며 큰 약왕 나무와 같은 몸을 얻고 여의보주와 같은 몸을 얻어, 일체 보살행을 수행하여지이다.'라고 한다.

 광대하기가 법계와 같고 끝없기가 허공과 같아서 미래제가 다하도록 일체 겁 동안에 휴식함이 없다.

 또 큰 원을 세우기를, '일체 세계에서 아뇩다라삼먁삼보리를 이루어 한 털끝의 처소를 떠나지 않고 일체 털끝의 처소에서, 처음 탄생하

약삼보리　　불리일모단처　　어일체모단
藐三菩提하야 **不離一毛端處**하고 **於一切毛端**

처　개실시현초생출가　예도량성정각　전
處에 **皆悉示現初生出家**와 **詣道場成正覺**과 **轉**

법륜입열반
法輪入涅槃하나니라

득불경계대지혜력　　어염념중　수일체중
得佛境界大智慧力하야 **於念念中**에 **隨一切衆**

생심　　시현성불　　영득적멸　　이일삼보
生心하야 **示現成佛**하야 **令得寂滅**하며 **以一三菩**

리　지일체법계　　즉열반상　　이일음설
提로 **知一切法界**가 **卽涅槃相**하며 **以一音說**

법　　영일체중생　　심개환희
法하야 **令一切衆生**으로 **心皆歡喜**하나니라

시입대열반　　이부단보살행　　시대지혜
示入大涅槃호대 **而不斷菩薩行**하며 **示大智慧**

고 출가하고 도량에 나아가고 정각을 이루고 법륜을 굴리고 열반에 듦을 모두 다 나타내 보여지이다.

부처님의 경계인 큰 지혜의 힘을 얻어 생각생각에 일체 중생의 마음을 따라 성불함을 나타내 보여서 적멸을 얻게 하며, 하나의 삼보리로써 일체 법계가 곧 열반의 모양임을 알며, 한 가지 음성으로 법을 설하여 일체 중생으로 하여금 마음이 모두 환희하게 하여지이다.

대열반에 들어감을 보이되 보살행을 끊지 아니하며, 큰 지혜의 지위를 보여서 일체 법을 나란히 건립하며, 법지통과 신족통과 환통으

　　　　지　　　안립일체법　　　이법지통　　　신족통
　　　地하야 安立一切法하며 以法智通과 神足通과

　　　　환통　　　자재변화　　　충만일체법계
　　　幻通으로 自在變化하야 充滿一切法界하니라

　　　　광대여법계　　　구경여허공　　　진미래제
　　　廣大如法界하며 究竟如虛空하며 盡未來際하야

　　　　일체겁수　　무유휴식
　　　一切劫數에 無有休息이니라

　　　　불자　　보살　　주환희지　　　발여시대서원
　　　佛子야 菩薩이 住歡喜地하야 發如是大誓願과

　　　　여시대용맹　　여시대작용　　　이차십원문위
　　　如是大勇猛과 如是大作用호대 以此十願門爲

　　　　수　　만족백만아승지대원
　　　首하야 滿足百萬阿僧祇大願이니라

로 자재하게 변화하여 일체 법계에 충만하여지이다.'라고 한다.

광대하기가 법계와 같고 끝없기가 허공과 같아서 미래제가 다하도록 일체 겁 동안에 휴식함이 없다.

불자들이여, 보살이 환희지에 머물러서 이와 같은 큰 서원과 이와 같은 큰 용맹과 이와 같은 큰 작용을 일으키되, 이 열 가지 원의 문으로 으뜸을 삼아서 백만 아승지의 큰 원을 만족한다.

불자 차대원 이십진구 이득성취
佛子야 此大願이 以十盡句로 而得成就하나니라

하등 위십
何等이 爲十고

소위중생계진 세계진 허공계진 법계진
所謂衆生界盡과 世界盡과 虛空界盡과 法界盡과

열반계진 불출현계진 여래지계진 심소
涅槃界盡과 佛出現界盡과 如來智界盡과 心所

연계진 불지소입경계계진 세간전법전
緣界盡과 佛智所入境界界盡과 世閒轉法轉

지전계진
智轉界盡이니라

약중생계진 아원내진 약세계 내지
若衆生界盡이면 我願乃盡이며 若世界와 乃至

세간전법전지전계진 아원내진 이
世閒轉法轉智轉界盡이면 我願乃盡이어니와 而

불자들이여, 이 큰 원은 열 가지 다함의 구절로 성취된다.

무엇이 열인가?

이른바 중생계가 다함과, 세계가 다함과, 허공계가 다함과, 법계가 다함과, 열반계가 다함과, 부처님의 출현하시는 계가 다함과, 여래지혜의 계가 다함과, 마음으로 반연하는 바의 계가 다함과, 부처님의 지혜로 들어가는 바 경계의 계가 다함과, 세간이 굴러가고 법이 굴러가고 지혜가 굴러가는 계가 다함이다.

'만약 중생계가 다하면 나의 원도 이에 다하며, 만약 세계와 내지 세간의 굴러감과 법의

중생계가 不可盡이며 乃至世間轉法轉智轉界가 不可盡故로 我此大願善根도 無有窮盡이니라

佛子야 菩薩이 發如是大願已에 則得利益心과 柔軟心과 隨順心과 寂靜心과 調伏心과 寂滅心과 謙下心과 潤澤心과 不動心과 不濁心하나니라

굴러감과 지혜의 굴러감의 계가 다하면 나의 원도 이에 다하려니와, 중생계가 다할 수 없으며 내지 세간의 굴러감과 법의 굴러감과 지혜의 굴러감의 계가 다할 수 없으므로 나의 이 큰 원의 선근도 마침내 다함이 없다.'

 불자들이여, 보살이 이와 같은 큰 원을 일으키고는 곧 이익하게 하려는 마음과, 부드러운 마음과, 수순하는 마음과, 적정한 마음과, 조복하는 마음과, 적멸한 마음과, 겸손한 마음과, 윤택한 마음과, 흔들리지 않는 마음과, 혼탁하지 않은 마음을 얻는다.

성정신자　　유신공용　　　능신여래본행소
成淨信者는 有信功用하야 能信如來本行所

입　　신성취제바라밀　　　신입제승지　　　신
入하며 信成就諸波羅蜜하며 信入諸勝地하며 信

성취력　　신구족무소외
成就力하며 信具足無所畏하나라

신생장불가괴불공불법　　　신부사의불법
信生長不可壞不共佛法하며 信不思議佛法하며

신출생무중변불경계　　　신수입여래무량경
信出生無中邊佛境界하며 信隨入如來無量境

계　　신성취과
界하며 信成就果하나니라

거요언지　　　신일체보살행　　　내지여래지지
擧要言之컨댄 信一切菩薩行과 乃至如來智地

설력고
說力故니라

청정한 믿음을 이룬 자는 믿음의 공용이 있어 여래께서 본래의 행으로 들어가신 것을 믿으며, 모든 바라밀을 성취함을 믿으며, 모든 수승한 지위에 들어감을 믿으며, 힘을 성취함을 믿으며, 두려울 바 없음을 구족함을 믿는다.

깨뜨릴 수 없는 함께 하지 않는 불법을 생장함을 믿으며, 부사의한 불법을 믿으며, 중간도 가장자리도 없는 부처님의 경계를 출생함을 믿으며, 여래의 한량없는 경계에 따라 들어감을 믿으며, 과보를 성취함을 믿는다.

중요한 점을 들어 말하면, 일체 보살의 행과 내지 여래의 지혜의 지위와 설하는 힘을 믿는

불자 차보살 부작시념
佛子야 此菩薩이 復作是念하니라

제불정법 여시심심 여시적정 여시
諸佛正法이 如是甚深하며 如是寂靜하며 如是

적멸 여시공 여시무상 여시무원
寂滅하며 如是空하며 如是無相하며 如是無願하며

여시무염 여시무량 여시광대 이제
如是無染하며 如是無量하며 如是廣大어늘 而諸

범부 심타사견 무명부예 입교만고
凡夫가 心墮邪見하야 無明覆翳하며 立憍慢高

당 입갈애망중 행첨광조림 불능자
幢하며 入渴愛網中하며 行諂誑稠林하야 不能自

출
出하니라

심여간질 상응불사 항조제취수생인
心與慳嫉로 相應不捨하야 恒造諸趣受生因

까닭이다.

불자들이여, 이 보살이 다시 이러한 생각을 한다.

'모든 부처님의 바른 법이 이와 같이 매우 깊고, 이와 같이 적정하고, 이와 같이 적멸하고, 이와 같이 공하고, 이와 같이 모양이 없고, 이와 같이 원이 없고, 이와 같이 물듦이 없고, 이와 같이 한량이 없고, 이와 같이 광대하거늘, 모든 범부들은 마음이 삿된 견해에 빠져서 무명에 덮여 가려지고, 교만의 높은 깃대를 세우고, 갈애의 그물에 들어가고, 아첨과 거짓의 빽빽한

연
緣하나라

탐에우치   적집제업   일야증장   이분
貪恚愚癡로 積集諸業하야 日夜增長하며 以忿

한풍   취심식화   치연불식   범소작
恨風으로 吹心識火하야 熾然不息하며 凡所作

업   개전도상응
業이 皆顚倒相應하나라

욕류   유류   무명류   견류   상속기심의식
欲流와 有流와 無明流와 見流가 相續起心意識

종자   어삼계전중   부생고아
種子하야 於三界田中에 復生苦芽하나니라

소위명색   공생불리   차명색   증장
所謂名色이 共生不離하며 此名色이 增長하야

생육처취락   어중   상대생촉   촉고   생
生六處聚落하며 於中에 相對生觸하며 觸故로 生

숲속을 다니며, 능히 스스로 벗어나지 못한다.

마음은 인색과 질투와 서로 응하여 버리지 않으며, 모든 갈래에 태어나는 인연을 항상 짓는다.

탐욕과 성냄과 어리석음으로 모든 업을 쌓아 모아서 밤낮으로 증장하며, 분노의 바람으로 마음과 의식의 불을 일으켜서 치성하여 쉬지 않으며, 모든 짓는 바 업이 다 뒤바뀜과 상응한다.

욕망의 폭류와 존재의 폭류와 무명의 폭류와 견해의 폭류가 서로 이어져 마음과 뜻과 의식의 종자를 일으키며, 삼계의 밭에서 다시 고통의 싹을 낸다.

이른바 이름과 물질[名色]이 함께 나서 여의지

수
受하니라

인수생애 　　애증장고 　　생취 　　취증장고
因受生愛하며 愛增長故로 生取하며 取增長故로

생유 　　유생고 　　유생노사우비고뇌 　　　여
生有하며 有生故로 有生老死憂悲苦惱하야 如

시중생 　생장고취
是衆生이 生長苦聚하나니라

시중개공 　　이아아소 　　무지무각 　　무작
是中皆空하야 離我我所라 無知無覺하며 無作

무수 　　여초목석벽 　　역여영상 　　연제
無受호미 如草木石壁하며 亦如影像이어늘 然諸

중생 　불각부지
衆生이 不覺不知하나니라

보살 　　견제중생 　　어여시고취 　　부득출리
菩薩이 見諸衆生이 於如是苦聚에 不得出離라

아니하며, 이 이름과 물질이 증장하여 여섯 기관[六處]의 무더기를 내며, 그중에서 상대하여 접촉[觸]을 내며, 접촉 때문에 느낌[受]을 낸다.

느낌을 인하여 갈애[愛]를 내며, 갈애가 증장하기 때문에 취착[取]을 내며, 취착이 증장하기 때문에 존재[有]를 내며, 존재가 생겨나기 때문에 태어남[生]과 늙음[老]과 죽음[死]과, 근심[憂]과 슬픔[悲]과 괴로움[苦]과 번뇌[惱]가 있다. 이와 같이 중생이 고통의 무더기를 생장한다.

이 가운데는 모두 공하여 나와 나의 것을 여의어 앎도 없고 느낌도 없으며, 지음도 없고 받음도 없으니, 마치 풀과 나무와 돌과 벽과

시고　즉생대비지혜　　부작시념　　차제
是故로 卽生大悲智慧하며 復作是念호대 此諸

중생　아응구발　치어구경안락지처　시
衆生을 我應救拔하야 置於究竟安樂之處라 是

고　즉생대자광명지
故로 卽生大慈光明智니라

불자　보살마하살　수순여시대비대자
佛子야 菩薩摩訶薩이 隨順如是大悲大慈하야

이심중심　　주초지시　어일체물　무소인
以深重心으로 住初地時에 於一切物에 無所吝

석　　구불대지　수행대사　　범시소유
惜하고 求佛大智하야 修行大捨할새 凡是所有를

일체능시
一切能施하나니라

같으며 또한 영상과도 같다. 그러나 모든 중생들이 깨닫지 못하고 알지 못한다.'

보살은 모든 중생들이 이와 같은 고통의 무더기에서 벗어나지 못함을 본다. 그러므로 곧 대비와 지혜를 내어 다시 이 생각을 하기를, '이 모든 중생들을 내가 마땅히 구해서 건져내어 끝까지 안락한 곳에 둘 것이니, 그러므로 대자와 광명의 지혜를 낼 것이다.'라고 한다.

불자들이여, 보살마하살이 이와 같은 대비와 대자를 수순하여 깊고 중한 마음으로 초지에 머무를 때에 일체 물건을 아끼는 바 없이 부처

소위재곡창고 금은마니 진주유리 가패
所謂財穀倉庫와 **金銀摩尼**와 **眞珠瑠璃**와 **珂貝**

벽옥 산호등물 진보영락엄신지구 상마
璧玉과 **珊瑚等物**과 **珍寶瓔珞嚴身之具**와 **象馬**

거승 노비인민 성읍취락 원림대관 처
車乘과 **奴婢人民**과 **城邑聚落**과 **園林臺觀**과 **妻**

첩남녀 내외권속 급여소유진완지구 두
妾男女와 **內外眷屬**과 **及餘所有珍玩之具**와 **頭**

목수족 혈육골수 일체신분 개무소석
目手足과 **血肉骨髓**와 **一切身分**을 **皆無所惜**하야

위구제불광대지혜
爲求諸佛廣大智慧하나니라

시명보살 주어초지 대사성취
是名菩薩이 **住於初地**하야 **大捨成就**니라

님의 큰 지혜를 구하며 크게 버림을 수행하여 모든 가진 것 일체를 능히 보시한다.

 이른바 재물과 곡식과 창고와 금과 은과 마니와 진주와 유리와 마노 보화와 벽옥과 산호 등의 물건과 진귀한 보배 영락과 장신구와 코끼리와 말과 수레와 노비와 백성과 성읍과 취락과 원림과 누대와 처첩과 아들과 딸과 내외 권속들과, 그 외 있는 바 진귀한 완구들과 머리와 눈과 손과 발과 피와 살과 뼈와 골수와 일체 몸의 부분을 모두 아끼는 바 없이 모든 부처님의 광대한 지혜를 구한다.

 이것을 이름하여 보살이 초지에 머물러서 크

불자　　보살　　이차자비대시심　　　위욕구호
佛子야 **菩薩**이 **以此慈悲大施心**으로 **爲欲救護**

일체중생　　　전갱추구세출세간제이익사
一切衆生하야 **轉更推求世出世間諸利益事**호대

무피염고　　즉득성취무피염심
無疲厭故로 **即得成就無疲厭心**하나니라

득무피염심이　　어일체경론　　심무겁약
得無疲厭心已에 **於一切經論**에 **心無怯弱**하고

무겁약고　　즉득성취일체경론지
無怯弱故로 **即得成就一切經論智**하나니라

획시지이　　선능주량응작불응작　　어상중
獲是智已에 **善能籌量應作不應作**하야 **於上中**

하일체중생　　수응수력　　수기소습　　　여
下一切衆生에 **隨應隨力**하고 **隨其所習**하야 **如**

시이행　　시고　　보살　　득성세지
是而行일새 **是故**로 **菩薩**이 **得成世智**하나니라

게 버림을 성취하는 것이라고 한다.

불자들이여, 보살이 이 자비와 크게 보시하는 마음으로써 일체 중생을 구호하고자 하여 점점 더 세간과 출세간의 모든 이익하게 하는 일을 추구하되 피로해하거나 싫어함이 없으므로 곧 피로해하거나 싫어함이 없는 마음을 성취한다.

피로해하거나 싫어함이 없는 마음을 얻고는 일체 경론에 마음이 겁약함이 없고, 겁약함이 없으므로 곧 일체 경론의 지혜를 성취한다.

이 지혜를 얻고는 마땅히 지을 일과 마땅히 짓지 아니할 일을 잘 능히 헤아리고, 상·중·

성세지이　　지시지량　　　이참괴장엄　　　　근
成世智已에 **知時知量**하야 **以慚愧莊嚴**으로 **勤**

수자리이타지도　　　시고　　성취참괴장엄
修自利利他之道일새 **是故**로 **成就慚愧莊嚴**하나니라

어차행중　　근수출리　　　불퇴부전　　　성견
於此行中에 **勤修出離**하야 **不退不轉**하야 **成堅**

고력
固力하나니라

득견고력이　　근공제불　　어불교법　　능여
得堅固力已에 **勤供諸佛**하야 **於佛敎法**에 **能如**

설행
說行이니라

불자　　보살　　여시성취십종정제지법
佛子야 **菩薩**이 **如是成就十種淨諸地法**하나니

하의 일체 중생에게 마땅함을 따르고 힘을 따르고 그 익힌 바를 따라서 이와 같이 행하니, 그러므로 보살이 세간의 지혜를 이룬다.

세간의 지혜를 이루고는 시기를 알고 양을 알아 참괴의 장엄으로 스스로도 이롭고 다른 이도 이롭게 하는 도를 부지런히 닦으니, 그러므로 참괴의 장엄을 성취한다.

이러한 행 가운데 벗어남을 부지런히 닦아 물러나지 않고 퇴전하지 아니하여 견고한 힘을 이룬다.

견고한 힘을 얻고는 모든 부처님께 부지런히 공양올리고 부처님의 교법에 대하여 능히 설

소위 신비자사　　무유피염　　지제경론　　선해
所謂信悲慈捨와 無有疲厭과 知諸經論과 善解

세법　　참괴견고력　　공양제불　　　의교수
世法과 慚愧堅固力과 供養諸佛하야 依敎修

행
行이니라

불자　　보살　　주차환희지이　　이대원력
佛子야 菩薩이 住此歡喜地已에 以大願力으로

득견다불
得見多佛하나니라

소위견다백불　　다천불　　다백천불　　다억
所謂見多百佛과 多千佛과 多百千佛과 多億

하신 대로 행한다.

　불자들이여, 보살이 이와 같이 열 가지 모든 지위를 청정하게 하는 법을 성취한다. 이른바 믿음과 자비와 버림과 피로해하거나 싫어함이 없음과 모든 경론을 앎과 세간법을 잘 이해함과 참괴와 견고한 힘과 모든 부처님께 공양올림과 가르침에 의거하여 수행함이다.

　불자들이여, 보살이 이 환희지에 머무르고는 큰 원력으로 많은 부처님을 친견하게 된다.

佛과 多百億佛과 多千億佛과 多百千億佛과 多億那由他佛과 多百億那由他佛과 多千億那由他佛과 多百千億那由他佛이라

悉以大心深心으로 恭敬尊重하고 承事供養호대 衣服飮食과 臥具醫藥과 一切資生을 悉以奉施하며 亦以供養一切衆僧하야 以此善根으로 皆悉迴向無上菩提니라

佛子야 此菩薩이 因供養諸佛故로 得成就衆生

이른바 많은 백 부처님과, 많은 천 부처님과, 많은 백천 부처님과, 많은 억 부처님과, 많은 백억 부처님과, 많은 천억 부처님과, 많은 백천억 부처님과, 많은 억 나유타 부처님과, 많은 백억 나유타 부처님과, 많은 천억 나유타 부처님과, 많은 백천억 나유타 부처님을 친견한다.

모두 큰 마음과 깊은 마음으로 공경하고 존중하며 받들어 섬기고 공양올린다. 의복과 음식과 와구와 의약과 일체 살림을 모두 받들어 보시하며, 또한 일체 스님들에게도 공양하여 이 선근으로 모두 다 위없는 보리에 회향한다.

불자들이여, 이 보살이 모든 부처님께 공양

법　　　이전이섭　　　섭취중생　　　위보시애
法하야 以前二攝으로 攝取衆生하나니 謂布施愛

어　　후이섭법　　단이신해력고　　행　　미선
語요 後二攝法은 但以信解力故로 行일새 未善

통달
通達이니라

시보살　　십바라밀중　　단바라밀　　증상
是菩薩이 十波羅蜜中에 檀波羅蜜이 增上하고

여바라밀　　비불수행　　　단수력수분
餘波羅蜜은 非不修行이로대 但隨力隨分이니라

시보살　　수소근수공양제불　　　교화중생
是菩薩이 隨所勤修供養諸佛하고 敎化衆生하야

개이수행청정지법　　　소유선근　　실이회
皆以修行淸淨地法일새 所有善根을 悉以迴

향　　　일체지지　　전전명정　　조유성취
向하야 一切智地가 轉轉明淨하며 調柔成就에

올린 까닭으로 중생을 성취시키는 법을 얻는다. 앞의 두 가지 거둠으로 중생을 포섭하니 말하자면 보시와 애어이고, 뒤의 두 가지 거두는 법은 다만 믿고 아는 힘으로 행하니 아직은 잘 통달하지 못한다.

이 보살은 열 가지 바라밀 중에 보시 바라밀이 더 많으며 나머지 바라밀은 수행하지 않는 것은 아니나 다만 힘을 따르고 분한을 따를 뿐이다.

이 보살이 곳마다 모든 부처님께 공양올리고 중생을 교화함을 부지런히 닦아서 모두 청정한 지위의 법을 수행하고, 있는 바 선근을 모두 회향하여 일체 지혜의 지위가 더욱 더 밝

수의감용
隨意堪用하나니라

불자 비여금사 선교연금 삭삭입화
佛子야 **譬如金師**가 **善巧鍊金**하야 **數數入火**에

전전명정 조유성취 수의감용
轉轉明淨하며 **調柔成就**에 **隨意堪用**인달하니라

보살 역부여시 공양제불 교화중생
菩薩도 **亦復如是**하야 **供養諸佛**하고 **敎化衆生**이

개위수행청정지법 소유선근 실이회
皆爲修行淸淨地法일새 **所有善根**을 **悉以迴**

향 일체지지 전전명정 조유성취
向하야 **一切智地**가 **轉轉明淨**하며 **調柔成就**에

수의감용
隨意堪用이니라

고 깨끗하여지며, 조화로움과 유연함이 성취되어 뜻 따라 사용한다.

불자들이여, 비유하면 금을 다루는 사람이 아주 교묘하게 금을 단련하여 자주자주 불에 넣으면 점점 밝고 깨끗하여지며 조화로움과 유연함이 성취되어 뜻 따라 사용할 수 있는 것과 같다.

보살도 또한 다시 이와 같아서 모든 부처님께 공양올리고 중생을 교화함이 모두 청정한 지위의 법을 수행함이니, 있는 바 선근을 다 회향하여 일체지의 지위가 점점 더 밝고 깨끗하여지며 조화로움과 유연함이 성취되어 뜻 따라 사용한다.

불자 보살마하살 주어초지 응종제불보
佛子야 菩薩摩訶薩이 住於初地에 應從諸佛菩

살선지식소 추구청문어차지중 상급득
薩善知識所하야 推求請問於此地中의 相及得

과 무유염족 위욕성취차지법고
果호대 無有厭足이니 爲欲成就此地法故니라

역응종제불보살선지식소 추구청문제이
亦應從諸佛菩薩善知識所하야 推求請問第二

지중 상급득과 무유염족 위욕성취
地中의 相及得果호대 無有厭足이니 爲欲成就

피지법고
彼地法故니라

역응여시추구청문제삼제사제오제육제칠
亦應如是推求請問第三第四第五第六第七

제팔제구제십지중 상급득과 무유염
第八第九第十地中의 相及得果호대 無有厭

불자들이여, 보살마하살이 초지에 머물러 마땅히 모든 부처님과 보살과 선지식의 처소를 따라서 이 지위 가운데 모양과 과보 얻음을 추구하고 묻되 만족해 싫어함이 없으니, 이 지위의 법을 성취하려 하기 위한 까닭이다.

또한 마땅히 모든 부처님과 보살과 선지식의 처소를 따라서 제2지 가운데 모양과 과보 얻음을 추구하고 묻되 만족해 싫어함이 없으니, 저 지위의 법을 성취하려 하기 위한 까닭이다.

또한 마땅히 이와 같이 제3과 제4와 제5와 제6과 제7과 제8과 제9와 제10지 가운데 모양과 과보 얻음을 추구하고 묻되 만족해 싫어

족　위욕성취피지법고
足이니 爲欲成就彼地法故니라

시보살　선지제지장대치　　선지지성괴
是菩薩이 善知諸地障對治하며 善知地成壞하며

선지지상과　　선지지득수　　선지지법청
善知地相果하며 善知地得修하며 善知地法清

정　선지지지전행
淨하며 善知地地轉行하니라

선지지지처비처　　선지지지수승지　　선
善知地地處非處하며 善知地地殊勝智하며 善

지지지불퇴전　　선지정치일체보살지　내
知地地不退轉하며 善知淨治一切菩薩地와 乃

지전입여래지
至轉入如來地니라

불자　보살　여시선지지상　시어초지
佛子야 菩薩이 如是善知地相에 始於初地하야

함이 없으니, 저 지위의 법을 성취하려 하기 위한 까닭이다.

 이 보살이 모든 지의 장애와 대치함을 잘 알며, 지의 이루어짐과 무너짐을 잘 알며, 지의 모양과 과보를 잘 알며, 지의 얻음과 닦음을 잘 알며, 지의 법이 청정함을 잘 알며, 지에서 지로 옮겨 행함을 잘 안다.

 지와 지의 옳은 도리와 그른 도리를 잘 알며, 지와 지의 수승한 지혜를 잘 알며, 지와 지의 퇴전하지 않음을 잘 알며, 일체 보살의 지를 깨끗이 다스리고 내지 여래의 지위에 옮겨 들어감을 잘 안다.

起行不斷하며 如是乃至入第十地히 無有斷絶이니 由此諸地智光明故로 成於如來智慧光明이니라

佛子야 譬如商主가 善知方便하야 欲將諸商人하고 往詣大城호대 未發之時에 先問道中功德過失과 及住止之處의 安危可不然後에 具道資糧하야 作所應作하나니라

佛子야 彼大商主가 雖未發足이나 能知道中에

불자들이여, 보살이 이와 같이 지의 모양을 잘 알고, 처음 초지에서 행을 일으켜 끊지 아니하고 이와 같이 내지 제10지에 들어가서 단절함이 없으니, 이 모든 지의 지혜 광명을 말미암은 까닭으로 여래의 지혜 광명을 이룬다.

불자들이여, 비유하면 상단의 주인이 방편을 잘 알아서 모든 상인들을 데리고 큰 성으로 나아가려면, 아직 출발하지 않았을 때 도중의 공덕과 허물과 그리고 머무를 곳의 안전과 위험의 가부를 먼저 물은 연후에, 도중에 필요한 양식을 갖추고 응당 해야 할 일을 하는 것과 같다.

소유일체안위지사　　　선이지혜　주량관
所有一切安危之事하야 **善以智慧**로 **籌量觀**

찰　　비기소수　　　영무핍소　　장제상중
察하야 **備其所須**하야 **令無乏少**하고사 **將諸商衆**하고

내지안은도피대성　　　신급중인　　실면우
乃至安隱到彼大城하야 **身及衆人**이 **悉免憂**

환
患인달하나니라

불자　보살상주　　역부여시　　주어초지
佛子야 **菩薩商主**도 **亦復如是**하야 **住於初地**에

선지제지장대치　　　내지선지일체보살지
善知諸地障對治하며 **乃至善知一切菩薩地**

청정　　전입여래지연후　　　내구복지자
淸淨하야 **轉入如來地然後**에야 **乃具福智資**

량　　장일체중생　　　경생사광야험난지
糧하야 **將一切衆生**하고 **經生死曠野險難之**

불자들이여, 저 큰 상단의 주인이 비록 아직 길을 떠나지 않았으나 도중에 있을 일체 안전하고 위험한 일을 능히 알아서, 지혜로 헤아리고 관찰하여 그 필요한 것을 준비하여 부족함이 없게 잘 하고서야, 모든 상인들을 데리고 내지 안전하게 저 큰 성에 이르게 되며 자신과 여러 사람들이 다 우환을 면한다.

불자들이여, 보살인 상단의 주인도 또한 다시 이와 같아서, 초지에 머물러 모든 지위의 장애와 대치를 잘 알고 내지 일체 보살 지위의 청정함을 잘 알아서 여래의 지위에 옮겨 들어간 연후에야 복과 지혜의 양식을 갖추어서, 일

處하야 安隱得至薩婆若城하야 身及衆生이 不

經患難하나니라

是故로 菩薩이 常應匪懈하야 勤修諸地殊勝淨

業하며 乃至趣入如來智地니라

佛子야 是名略說菩薩摩訶薩의 入菩薩初地

門이니 廣說則有無量無邊百千阿僧祇差別

事니라

체 중생을 데리고 생사의 광야와 험난한 곳을 지나 안전하게 살바야의 성에 이르며, 자신과 중생들이 환난을 겪지 아니한다.

그러므로 보살은 항상 마땅히 게으르지 말고 모든 지위의 수승하고 청정한 업을 부지런히 닦으며 내지 여래 지혜의 지위에 나아가야 한다.

불자들이여, 이것을 보살마하살이 보살 초지의 문에 들어감을 간략히 설한다고 이름한다. 널리 설하면 한량없고 가없는 백천 아승지의 차별한 일이 있다.

불자　　보살마하살　　　주차초지　　다작염부제
佛子야 菩薩摩訶薩이 住此初地에 多作閻浮提

왕　　　호귀자재　　　상호정법
王하야 豪貴自在하야 常護正法하나라

능이대시　　섭취중생　　　선제중생　　간탐지
能以大施로 攝取衆生하야 善除衆生의 慳貪之

구　　　상행대시　　무유궁진　　　보시애어이
垢하고 常行大施호대 無有窮盡하야 布施愛語利

익동사
益同事하나니라

여시일체제소작업　　개불리염불　　　불리염
如是一切諸所作業이 皆不離念佛하며 不離念

법　　불리염승　　불리염동행보살　　　불리
法하며 不離念僧하며 不離念同行菩薩하며 不離

염보살행
念菩薩行하나라

불자들이여, 보살마하살이 이 초지에 머물러서 많이 염부제의 왕이 되어 호화롭고 존귀함이 자재하며, 항상 바른 법을 보호한다.

능히 큰 보시로써 중생들을 거두어 주어 중생들의 아끼고 탐하는 허물을 잘 없애며, 항상 큰 보시를 행하되 끝까지 다함이 없으며, 보시하고, 자애로운 말을 하고, 이익하게 하고, 일을 같이 한다.

이와 같이 일체 모든 짓는 바 업이 모두 부처님을 생각함을 여의지 아니하며, 법을 생각함을 여의지 아니하며, 스님을 생각함을 여의지 아니하며, 함께 수행하는 보살을 생각함을 여의지 아니

불리염제바라밀　　　　 불리염제지　　 불리염
不離念諸波羅蜜하며 不離念諸地하며 不離念

력　　 불리염무외　　　 불리염불공불법　　　 내
力하며 不離念無畏하며 不離念不共佛法하며 乃

지불리염구족일체종　　　 일체지지
至不離念具足一切種과 一切智智니라

부작시념　　 아당어일체중생중　　 위수　　 위
復作是念호대 我當於一切衆生中에 爲首며 爲

승　 위수승　　 위묘　 위미묘　　 위상　　　 위
勝이며 爲殊勝이며 爲妙며 爲微妙며 爲上이며 爲

무상　 위도　 위장　　 위수　 내지위일체지
無上이며 爲導며 爲將이며 爲帥며 乃至爲一切智

지의지자
智依止者라하나니라

시보살　 약욕사가　　　 어불법중　　 근행정
是菩薩이 若欲捨家하야 於佛法中에 勤行精

하며, 보살의 행을 생각함을 여의지 아니한다.

모든 바라밀을 생각함을 여의지 아니하며, 모든 지를 생각함을 여의지 아니하며, 힘을 생각함을 여의지 아니하며, 두려움 없음을 생각함을 여의지 아니하며, 함께하지 않는 부처님 법을 생각함을 여의지 아니하며, 내지 일체종과 일체지의 지혜 구족한 것을 생각함을 여의지 않는다.

다시 이 생각을 하기를, '내가 마땅히 일체 중생들 가운데 상수가 되고, 수승한 이가 되고, 특히 수승한 이가 되고, 묘한 이가 되고, 미묘한 이가 되고, 높은 이가 되고, 위없는 이가 되고, 인도자가 되고, 장수가 되고, 통솔자

進인댄 便能捨家妻子五欲하고 依如來敎하야 出

家學道하나라

旣出家已하야는 勤行精進하야 於一念頃에 得

百三昧하야 得見百佛하며 知百佛神力하며 能動

百佛世界하며 能過百佛世界하며 能照百佛世

界하며 能敎化百佛世界衆生하나라

能住壽百劫하며 能知前後際各百劫事하며 能

入百法門하며 能示現百身하며 於一一身에 能

가 되고 내지 일체지의 지혜에 의지하는 자가 될 것이다.'라고 한다.

이 보살이 만약 집을 버리고 불법 가운데서 부지런히 정진을 행하려 하면 문득 집과 처자와 오욕을 능히 버리고, 여래의 가르침을 의지하여 출가해서 도를 배운다.

이미 출가하고는 부지런히 정진을 행하여 한 생각 사이에 백 삼매를 얻고, 백 부처님을 친견하고, 백 부처님의 위신력을 알고, 백 부처님의 세계를 능히 진동하고, 백 부처님의 세계를 능히 지나가고, 백 부처님의 세계를 능히 비추고, 백 부처님 세계의 중생을 능히 교화한다.

시백보살   이위권속
示百菩薩로 以爲眷屬이니라

약이보살수승원력   자재시현   과어시
若以菩薩殊勝願力으로 自在示現인댄 過於是

수   백겁천겁백천겁   내지백천억나유
數하야 百劫千劫百千劫으로 乃至百千億那由

타겁   불능수지
他劫이라도 不能數知니라

이시   금강장보살   욕중선기의   이설송
爾時에 金剛藏菩薩이 欲重宣其義하사 而說頌

왈
曰하사대

능히 백 겁을 머물러 살며, 능히 앞뒤로 각각 백 겁의 일을 알며, 능히 백 가지 법문에 들어가며, 능히 백 가지 몸을 나타내 보이며, 낱낱 몸에 능히 백 보살을 보이고 권속을 삼는다.

만약 보살의 특히 수승한 원력으로 자재하게 나타내 보이면 이 수를 넘어서니, 백 겁과 천 겁과 백천 겁과 내지 백천억 나유타 겁에도 능히 세어서 알 수 없다."

이때에 금강장 보살이 그 뜻을 거듭 펴려고 게송을 설하여 말씀하였다.

| 약인집중선 | 구족백정법 |
| 若人集衆善하야 | 具足白淨法하면 |

| 공양천인존 | 수순자비도 |
| 供養天人尊하야 | 隨順慈悲道니라 |

| 신해극광대 | 지락역청정 |
| 信解極廣大하고 | 志樂亦淸淨하야 |

| 위구불지혜 | 발차무상심 |
| 爲求佛智慧하야 | 發此無上心이로다 |

| 정일체지력 | 급이무소외 |
| 淨一切智力과 | 及以無所畏하야 |

| 성취제불법 | 구섭군생중 |
| 成就諸佛法하며 | 救攝群生衆이로다 |

만약 어떤 사람이 여러 선을 모아
희고 깨끗한 법을 구족하면
천상과 인간의 존귀한 분께 공양하여
자비의 길을 수순하리라.

믿음과 이해가 지극히 광대하고
뜻의 즐거움도 또한 청정하여
부처님 지혜를 구하기 위해
이 위없는 마음을 내었도다.

일체 지혜의 힘과
두려울 바 없음을 깨끗이 하여
모든 불법을 성취하며
군생들을 구제하여 섭수하도다.

위득대자비
爲得大慈悲하고

급전승법륜
及轉勝法輪하며

엄정불국토
嚴淨佛國土하야

발차최승심
發此最勝心이로다

일념지삼세
一念知三世호대

이무유분별
而無有分別하야

종종시부동
種種時不同을

이시어세간
以示於世間이로다

약설구제불
略說求諸佛의

일체승공덕
一切勝功德하야

발생광대심
發生廣大心하니

양등허공계
量等虛空界로다

큰 자비를 얻고
수승한 법륜을 굴리며
불국토를 깨끗이 장엄하기 위하여
이 가장 수승한 마음을 내도다.

한 생각에 삼세를 알되
분별이 없고
갖가지 시간이 같지 않음을
세간에 보이도다.

간략히 말하면 모든 부처님의
일체 수승한 공덕을 구하여
광대한 마음을 내니
양이 허공계와 같도다.

| 비선혜위주 | 방편공상응 |
| **悲先慧爲主**하야 | **方便共相應**하며 |

| 신해청정심 | 여래무량력 |
| **信解淸淨心**은 | **如來無量力**이로다 |

| 무애지현전 | 자오불유타 |
| **無礙智現前**에 | **自悟不由他**라 |

| 구족동여래 | 발차최승심 |
| **具足同如來**하야 | **發此最勝心**이로다 |

| 불자시발생 | 여시묘보심 |
| **佛子始發生** | **如是妙寶心**하면 |

| 즉초범부위 | 입불소행처 |
| **則超凡夫位**하야 | **入佛所行處**로다 |

대비가 앞서고 지혜가 으뜸이 되어
방편과 함께 서로 응하며
믿음과 이해의 청정한 마음은
여래의 한량없는 힘이로다.

걸림 없는 지혜가 앞에 나타남은
스스로 깨닫고 남을 말미암지 않으니
구족함이 여래와 같아서
이 가장 수승한 마음을 내도다.

불자가 처음으로
이와 같은 미묘한 보배 마음을 내면
범부의 지위를 뛰어넘어
부처님의 행하신 곳에 들어가도다.

생재여래가
生在如來家에

종족무하점
種族無瑕玷하며

여불공평등
與佛共平等하야

결성무상각
決成無上覺이로다

재생여시심
纔生如是心에

즉득입초지
卽得入初地하야

지락불가동
志樂不可動이

비여대산왕
譬如大山王이로다

다희다애락
多喜多愛樂하며

역부다정신
亦復多淨信과

극대용맹심
極大勇猛心과

급이경약심
及以慶躍心이로다

여래의 집에 태어나서
종족에 허물이 없으며
부처님과 함께 평등하여
결정코 위없는 깨달음을 이루리라.

이와 같은 마음을 내자
곧 초지에 들어가서
뜻의 즐거움이 흔들리지 않으니
비유하면 큰 산왕과 같도다.

많은 기쁨과 많은 즐거움과
또한 다시 많은 청정한 믿음과
지극히 큰 용맹심과
기뻐서 뛸 듯한 마음이로다.

원리어투쟁
遠離於鬪諍과

뇌해급진에
惱害及瞋恚하고

참경이질직
慚敬而質直하야

선수호제근
善守護諸根이로다

구세무등자
救世無等者의

소유중지혜
所有衆智慧를

차처아당득
此處我當得일새

억념생환희
憶念生歡喜로다

시득입초지
始得入初地에

즉초오포외
即超五怖畏하나니

불활사악명
不活死惡名과

악취중위덕
惡趣衆威德이로다

투쟁과 괴로움과 해침과 성냄을
멀리 여의고
뉘우치고 공경하고 순박하고 정직하여
모든 근을 잘 수호하도다.

세상을 구제함에 짝할 이 없는 분의
있는 바 온갖 지혜를
이곳에서 내가 마땅히 얻으리니
생각하고 환희하도다.

처음 초지에 들어가
곧 다섯 공포를 초월하니
살 수 없음과 죽음과 나쁜 이름과
나쁜 갈래와 대중들의 위덕이로다.

이불탐착아
以不貪著我와

급이어아소
及以於我所일새

시제불자등
是諸佛子等이

원리제포외
遠離諸怖畏로다

상행대자민
常行大慈愍하고

항유신공경
恒有信恭敬하며

참괴공덕비
慚愧功德備하야

일야증선법
日夜增善法이라

요법진실리
樂法眞實利하고

불애수제욕
不愛受諸欲하며

사유소문법
思惟所聞法하야

원리취착행
遠離取著行이로다

나와 나의 것을
탐착하지 않으니
이 모든 불자들이
모든 공포를 멀리 여의도다.

대자와 애민을 늘 행하며
항상 믿음과 공경함이 있으며
참괴의 공덕도 갖추어
밤낮으로 선한 법을 더하도다.

법의 진실한 이익을 좋아하고
모든 욕락 받음을 애착하지 않으며
들은 바 법을 사유하여
취착하는 행을 멀리 여의도다.

불탐어이양
不貪於利養하고

유락불보리
唯樂佛菩提하야

일심구불지
一心求佛智하야

전정무이념
專精無異念이로다

수행바라밀
修行波羅蜜하며

원리첨허광
遠離諂虛誑하고

여설이수행
如說而修行하야

안주실어중
安住實語中이로다

불오제불가
不汙諸佛家하며

불사보살계
不捨菩薩戒하며

불락어세사
不樂於世事하고

상이익세간
常利益世間이로다

이양을 탐하지 아니하고
오직 부처님의 보리만 즐겨하며
일심으로 부처님의 지혜를 구하여
오로지 정진하고 다른 생각이 없도다.

바라밀을 수행하여
아첨과 거짓을 멀리 여의고
설하신 대로 수행하여
진실한 말 속에 안주하도다.

모든 부처님 집을 더럽히지 않고
보살계를 버리지 않으며
세상 일을 즐겨하지 않고
항상 세간을 이익하게 하도다.

수선무염족
修善無厭足하야

전구증승도
轉求增勝道하니

여시호락법
如是好樂法이

공덕의상응
功德義相應이로다

항기대원심
恒起大願心하야

원견어제불
願見於諸佛하며

호지제불법
護持諸佛法하야

섭취대선도
攝取大仙道로다

상생여시원
常生如是願하야

수행최승행
修行最勝行하야

성숙제군생
成熟諸群生하며

엄정불국토
嚴淨佛國土로다

선을 닦음에 만족해 싫어함이 없어
점차 더 수승한 길을 구하니
이와 같이 법을 좋아하고 즐겨하여
공덕과 이치가 서로 응하도다.

큰 원의 마음을 항상 내어서
원하오니 모든 부처님을 친견하고
모든 부처님의 법을 보호하여 지니며
큰 신선의 도를 섭취하여지이다.

항상 이와 같은 원을 내어서
가장 수승한 행을 수행하여
모든 군생들을 성숙시키고
불국토를 깨끗이 장엄하도다.

일체제불찰
一切諸佛刹에

불자실충변
佛子悉充徧하야

평등공일심
平等共一心이라

소작개불공
所作皆不空이로다

일체모단처
一切毛端處에

일시성정각
一時成正覺하니

여시등대원
如是等大願이

무량무변제
無量無邊際로다

허공여중생
虛空與衆生과

법계급열반
法界及涅槃과

세간불출흥
世間佛出興과

불지심경계
佛智心境界와

여래지소입
如來智所入과

급이삼전진
及以三轉盡이여

일체 모든 부처님 세계에
불자들이 다 두루 가득하며
평등한 같은 한마음이라
하는 일이 모두 헛되지 않도다.

일체 털끝의 처소에서
일시에 정각을 이루니
이와 같은 등 큰 원이
한량없고 끝이 없도다.

허공과 중생과
법계와 열반과
세간과 부처님의 출현과
부처님의 지혜와 마음 경계와
여래의 지혜로 들어가는 것과
세 번 굴림이 다함이여

피제약유진
彼諸若有盡이면

아원방시진
我願方始盡이어니와

여피무진기
如彼無盡期일새

아원역부연
我願亦復然이로다

여시발대원
如是發大願하야

심유연조순
心柔軟調順하며

능신불공덕
能信佛功德하야

관찰어중생
觀察於衆生호대

지종인연기
知從因緣起하고

즉흥자념심
則興慈念心하야

여시고중생
如是苦衆生을

아금응구탈
我今應救脫이로다

저 모든 것이 만약 다함이 있으면

나의 원도 비로소 다하려니와

그와 같은 것이 다할 기약이 없으니

나의 원도 또한 다시 그러하도다.

이와 같이 큰 원을 일으켜

마음이 유연하고 조화롭고 수순하며

능히 부처님의 공덕을 믿어서

중생들을 관찰하여

인연으로부터 일어난 줄 알아

자애로운 마음을 일으키어

이와 같은 고통받는 중생들을

내가 이제 마땅히 구제하리라.

위시중생고　　　　　이행종종시
爲是衆生故로　　　而行種種施호대

왕위급진보　　　　　내지상마거
王位及珍寶와　　　乃至象馬車와

두목여수족　　　　　내지신혈육
頭目與手足과　　　乃至身血肉을

일체개능사　　　　　심득무우회
一切皆能捨하고　　心得無憂悔로다

구종종경서　　　　　기심무염권
求種種經書호대　　其心無厭倦하고

선해기의취　　　　　능수세소행
善解其義趣하야　　能隨世所行이로다

이 중생들을 위하여

갖가지 보시를 행하되

왕위와 진귀한 보물과

내지 코끼리와 말 수레와

머리와 눈과 손과 발과

내지 몸과 피와 살을

일체 모두 능히 버리되

마음에 걱정이나 후회가 없도다.

갖가지 경전을 구하되

그 마음이 싫어하거나 게으르지 않고

그 이치를 잘 알아서

능히 세상에서 행할 바를 따르도다.

참괴자장엄
慚愧自莊嚴하고

수행전견고
修行轉堅固하며

공양무량불
供養無量佛하야

공경이존중
恭敬而尊重이로다

여시상수습
如是常修習하야

일야무해권
日夜無懈倦하니

선근전명정
善根轉明淨이

여화연진금
如火鍊眞金이로다

보살주어차
菩薩住於此하야

정수어십지
淨修於十地하니

소작무장애
所作無障礙하야

구족부단절
具足不斷絶이로다

참괴로 스스로를 장엄하고
수행이 더욱 견고해져서
한량없는 부처님께 공양올리며
공경하고 존중하도다.

이와 같이 항상 닦아 익히어
밤낮으로 게으름이 없어서
선근이 더욱 밝고 청정함이
불로 진금을 단련한 것 같도다.

보살이 여기에 머물러
십지를 청정하게 닦으니
짓는 일이 장애가 없어
구족하여 단절하지 않도다.

| 비여대상주 | 위리제상중 |
| **譬如大商主**가 | **爲利諸商衆**하야 |

| 문지도험이 | 안은지대성 |
| **問知道險易**하고 | **安隱至大城**인달하야 |

| 보살주초지 | 응지역여시 |
| **菩薩住初地**도 | **應知亦如是**라 |

| 용맹무장애 | 도어제십지 |
| **勇猛無障礙**하야 | **到於第十地**로다 |

| 주차초지중 | 작대공덕왕 |
| **住此初地中**에 | **作大功德王**하야 |

| 이법화중생 | 자심무손해 |
| **以法化衆生**하야 | **慈心無損害**로다 |

비유하면 큰 상단의 주인이
모든 상인들을 이익케 하기 위하여
길의 험함과 쉬움을 물어 알아서
큰 성에 편안히 이르는 것과 같도다.

보살이 초지에 머무름도
또한 이와 같은 줄 마땅히 알지니
용맹하고 장애가 없어
제십지에 이르도다.

이 초지에 머물러서
큰 공덕의 왕이 되어
법으로 중생을 교화하니
자애로운 마음이 손해됨이 없도다.

통령염부지
統領閻浮地에

화행미불급
化行靡不及이라

개령주대사
皆令住大捨하야

성취불지혜
成就佛智慧로다

욕구최승도
欲求最勝道하야

사이국왕위
捨已國王位하고

능어불교중
能於佛敎中에

용맹근수습
勇猛勤修習하야

즉득백삼매
則得百三昧하고

급견백제불
及見百諸佛하며

진동백세계
震動百世界하고

광조행역이
光照行亦爾하며

염부제의 땅을 다스림에
교화의 행이 미치지 않음이 없어
모두 큰 보시에 머물러
부처님의 지혜를 성취하게 하도다.

가장 수승한 도를 구하려고
국왕의 자리도 버리고는
능히 부처님의 가르침 가운데
용맹하게 부지런히 닦아 익히도다.

곧 백 삼매를 얻고
백 모든 부처님을 친견하며
백 세계를 진동하고
광명을 비추는 행도 그러하도다.

화백토중생
化百土衆生하고

입어백법문
入於百法門하며

능지백겁사
能知百劫事하고

시현어백신
示現於百身하며

급현백보살
及現百菩薩로

이위기권속
以爲其眷屬이어니와

약자재원력
若自在願力인댄

과시수무량
過是數無量이니라

아어지의중
我於地義中에

약술기소분
略述其少分이어니와

약욕광분별
若欲廣分別인댄

억겁불능진
億劫不能盡이니라

백 국토의 중생을 교화하고

백 법문에 들어가며

백 겁의 일을 능히 알고

백 가지 몸을 나타내 보이도다.

그리고 백 보살을 나타내어

그 권속을 삼거니와

만약 자재한 원력이라면

이 수를 지나 한량없으리라.

내가 초지의 뜻 가운데

그 조금만 간략히 말했으나

만약 널리 분별하려면

억 겁에도 능히 다하지 못하리라.

| 보살최승도 | 이익제군생 |
| 菩薩最勝道로 | 利益諸群生하나니 |

| 여시초지법 | 아금이설경 |
| 如是初地法을 | 我今已說竟이로다 |

〈大方廣佛華嚴經 卷第三十四〉

보살의 가장 수승한 도로

모든 군생들을 이익하게 하니

이와 같은 초지의 법을

내가 지금 설해 마쳤도다.

〈대방광불화엄경 제34권〉

大方廣佛華嚴經 — 부록

- 대방광불화엄경 목차

- 간행사

대방광불화엄경
목차

⟨제1회⟩

제1권   제1품   세주묘엄품 [1]

제2권   제1품   세주묘엄품 [2]

제3권   제1품   세주묘엄품 [3]

제4권   제1품   세주묘엄품 [4]

제5권   제1품   세주묘엄품 [5]

제6권   제2품   여래현상품

제7권   제3품   보현삼매품

　　　　　제4품   세계성취품

제8권   제5품   화장세계품 [1]

제9권   제5품   화장세계품 [2]

제10권 제5품   화장세계품 [3]

제11권 제6품   비로자나품

⟨제2회⟩

제12권 제7품   여래명호품

　　　　　제8품   사성제품

제13권 제9품   광명각품

　　　　　제10품 보살문명품

제14권 제11품 정행품

　　　　　제12품 현수품 [1]

제15권 제12품 현수품 [2]

⟨제3회⟩

제16권 제13품 승수미산정품

　　　　　제14품 수미정상게찬품

　　　　　제15품 십주품

제17권 제16품 범행품

　　　　　제17품 초발심공덕품

제18권 제18품 명법품

〈제4회〉

제19권 제19품 승야마천궁품

제20품 야마궁중게찬품

제21품 십행품 [1]

제20권 제21품 십행품 [2]

제21권 제22품 십무진장품

〈제5회〉

제22권 제23품 승도솔천궁품

제23권 제24품 도솔궁중게찬품

제25품 십회향품 [1]

제24권 제25품 십회향품 [2]

제25권 제25품 십회향품 [3]

제26권 제25품 십회향품 [4]

제27권 제25품 십회향품 [5]

제28권 제25품 십회향품 [6]

제29권 제25품 십회향품 [7]

제30권 제25품 십회향품 [8]

제31권 제25품 십회향품 [9]

제32권 제25품 십회향품 [10]

제33권 제25품 십회향품 [11]

〈제6회〉

제34권 제26품 십지품 [1]

제35권 제26품 십지품 [2]

제36권 제26품 십지품 [3]

제37권 제26품 십지품 [4]

제38권 제26품 십지품 [5]

제39권 제26품 십지품 [6]

〈제7회〉

제40권 제27품 십정품 [1]

제41권 제27품 십정품 [2]

제42권 제27품 십정품 [3]

제43권 제27품 십정품 [4]

제44권 제28품 십통품

제29품 십인품

제45권 제30품 아승지품

제31품 수량품

제32품 제보살주처품

제46권 제33품 불부사의법품 [1]

제47권 제33품 불부사의법품 [2]

제48권	제34품	여래십신상해품
	제35품	여래수호광명공덕품
제49권	제36품	보현행품
제50권	제37품	여래출현품 [1]
제51권	제37품	여래출현품 [2]
제52권	제37품	여래출현품 [3]

〈제8회〉

제53권	제38품	이세간품 [1]
제54권	제38품	이세간품 [2]
제55권	제38품	이세간품 [3]
제56권	제38품	이세간품 [4]
제57권	제38품	이세간품 [5]
제58권	제38품	이세간품 [6]
제59권	제38품	이세간품 [7]

〈제9회〉

제60권	제39품	입법계품 [1]
제61권	제39품	입법계품 [2]
제62권	제39품	입법계품 [3]
제63권	제39품	입법계품 [4]
제64권	제39품	입법계품 [5]
제65권	제39품	입법계품 [6]
제66권	제39품	입법계품 [7]
제67권	제39품	입법계품 [8]
제68권	제39품	입법계품 [9]
제69권	제39품	입법계품 [10]
제70권	제39품	입법계품 [11]
제71권	제39품	입법계품 [12]
제72권	제39품	입법계품 [13]
제73권	제39품	입법계품 [14]
제74권	제39품	입법계품 [15]
제75권	제39품	입법계품 [16]
제76권	제39품	입법계품 [17]
제77권	제39품	입법계품 [18]
제78권	제39품	입법계품 [19]
제79권	제39품	입법계품 [20]
제80권	제39품	입법계품 [21]

간 행 사

   귀의삼보 하옵고,

『대방광불화엄경』의 수지 독송과 유통을 발원하면서 수미정사 불전연구원에서 『독송본 한문·한글역 대방광불화엄경』과 『사경본 한글역 대방광불화엄경』을 편찬하여 간행하게 되었습니다.

『화엄경』은 우리나라에 전래된 이래 일찍부터 사경되고 주석·강설되어 왔으며 근현대에 이르러서는 『화엄경』의 한글 번역과 연구도 부쩍 많이 이루어졌습니다. 그만큼 『화엄경』이 우리 불자님들의 신행과 해탈에 큰 의지처가 되었던 것임을 알 수 있습니다.

『화엄경』을 독송하고 사경하는 공덕은 설법 공덕과 함께 크게 강조되어 왔습니다. 그리하여 수미정사 불전연구원에서도 『화엄경』(80권)을 독송하고 사경하는 데 도움이 되도록 한문 원문과 한글역을 함께 수록한 독송본과 한글역의 사경본 『화엄경』 간행불사를 발원하였습니다. 이 『화엄경』 간행불사에 뜻을 같이하여 적극 후원해주신 스님들과 재가 불자님들께 깊이 감사드립니다. 또한 『화엄경』을 수지 독송할 수 있도록 경책의 모습으로 장엄해 주신 편집위원들과 담앤북스 출판사 관계자들께도 고마움을 표합니다.

끝으로 이 불사의 원만 회향으로 『화엄경』이 널리 유통되고, 온 법계에 부처님의 가피가 충만하시길 기원드립니다.

   나무 대방광불화엄경

불기 2564년 '부처님오신날'을 봉축하며
수미해주 합장

위태천신(동진보살)

수미해주 須彌海住

동국대학교 명예교수
중앙승가대학교 법인이사
대한불교조계종 수미정사 주지

독송본 한문·한글역
대방광불화엄경 제34권

| 초판 1쇄 발행_ 2023년 6월 15일

| 엮은이_ 수미해주
| 엮은곳_ 수미정사 불전연구원
| 편집위원_ 해주 수정 경진 선초 정천 석도 박보람 최원섭
| 편집보_ 무이 무진 지욱 혜명

| 펴낸이_ 오세룡
| 펴낸곳_ 담앤북스
　　　　서울특별시 종로구 새문안로3길 23 경희궁의 아침 4단지 805호
　　　　대표전화 02)765-1251 전자우편 dhamenbooks@naver.com
　　　　출판등록 제300-2011-115호
| ISBN_ 979-11-6201-402-8 04220

이 책은 저작권 법에 따라 보호받는 저작물이므로 무단전재와 복제를 금합니다.
이 책 내용의 전부 또는 일부를 이용하려면 반드시 저작권자와 담앤북스의 서면 동의를 받아야 합니다.

정가 15,000원
ⓒ 수미해주 2023